Anne Häußler | Antje Tuckermann | Eva Lausmann

Praxis TEACCH: Neue Materialien zur Förderung der Sozialen Kompetenz

Anne Häußler | Antje Tuckermann | Eva Lausmann

Praxis TEACCH: Neue Materialien zur Förderung der Sozialen Kompetenz

BORGMANN
MEDIA

Unser Buchprogramm im Internet
www.verlag-modernes-lernen.de

E-Mail: info@verlag-modernes-lernen.de (Angaben gemäß der Verordnung zur allgemeinen Produktsicherheit

Veröffentlicht in der Edition:
***BORGMANN MEDIA* GMBH & Co. KG • Schleefstraße 14 • D-44287 Dortmund**

Gesamtherstellung: Löer Druck GmbH, Dortmund

4., unveränderte Auflage 2025

Bestell-Nr. 9425 ISBN 978-3-938187-80-7

Inhalt

Vorwort

Im Rahmen der Reihe „Praxis TEACCH" wollen wir uns gezielt mit ausgewählten praxisbezogenen Themen auseinandersetzen, denen wir bei der Anwendung des TEACCH-Ansatzes begegnen. Sehr häufig finden die praktischen Strategien und Hilfestellungen in der Arbeit mit einzelnen Klienten Anwendung – ob in der Einzelförderung oder um dem Betreffenden Unterstützung zu bieten, damit er sich im (Gruppen-)Alltag besser organisieren und zurechtfinden kann. Oft liegt dann der Schwerpunkt auf der Selbstständigkeit, dem „Alleine-Tun". Und hierbei stehen meistens alltagspraktische Tätigkeiten oder schulische/berufliche Fertigkeiten im Vordergrund. Nicht selten wird vergessen, dass der TEACCH-Ansatz auch großes Gewicht auf die Förderung sozialer Fähigkeiten legt. Hierfür bietet der Ansatz sowohl Anregungen zur inhaltlichen Gestaltung gemeinsamer Aktivitäten, als auch praktische Ideen zur gezielten Strukturierung sozialer Situationen.

Viele Ideen, die wir in North Carolina (und in Veröffentlichungen des TEACCH Programms) gefunden haben, haben wir aufgenommen und zum Teil weiterentwickelt. Unter anderem finden sie Niederschlag in unseren „SOKO Autismus"-Gruppen. Dahinter verbirgt sich ein gruppenpädagogisches Angebot zur Förderung der *so*zialen *Ko*mpetenzen bei Menschen mit einer *Autismus* Spektrum Störung auf der Basis des TEACCH-Ansatzes. Grundlegendes zum Konzept und viele praktischen Ideen aus unseren ersten Gruppen haben wir bereits in einem Buch zusammengetragen (Häußler et al., 2003). Mit dem vorliegenden Band wollen wir daran anknüpfen und die Ideensammlung durch Materialien und Anregungen ergänzen, die in den letzen acht Jahren entstanden sind. Hierbei greifen wir auf unsere ganz konkrete Praxis zurück und stellen die Ideen vor, die aus der Arbeit mit unseren Klienten erwachsen sind. Dabei berücksichtigen wir sowohl Hilfen zur Planung und Durchführung von SOKO-Gruppen, als auch speziell entwickelte Spiele und Aktivitäten. Da sich in den aktuellen Gruppen zurzeit eher Kinder und Jugendliche mit Asperger Syndrom befinden, beziehen sich viele der neueren Aktivitäten und Strategien auf diese Zielgruppe. Dennoch haben wir versucht, eine möglichst große Bandbreite von Fähigkeiten zu berücksichtigen.

Die Ideen in diesem Band stammen keineswegs nur aus unseren SOKO-Gruppen. Soziale Förderung findet natürlich in ganz unterschiedlichen Settings statt! So greifen wir auch auf Beispiele zurück, die in integrativen Spielgruppen oder in strukturierten Partnersituationen entstanden sind. Weder beabsichtigen wir, ein geschlossenes Konzept für ein „Sozialtraining" vorzustellen, noch erheben wir den Anspruch, mit den hier zusammengetragenen Materialien alle Aspekte einer sozialen Förderung abzudecken. Unser Anliegen ist es, durch eine Zusammenstellung ganz praktischer Anregungen dazu beizutragen, dass interessierte Leser und Leserinnen selbst Ansätze und Ideen für das eigene Arbeitsfeld entwickeln. Da wir auf unserem ersten Buch (Häußler et al., 2003) aufbauen, setzen wir die Informationen zum grundlegenden Konzept unserer SOKO-Gruppen sowie zu den Methoden sozialer Förderung voraus. Wir freuen uns, dass wir die Gelegenheit haben, in diesem Rahmen neue Ideen und Weiterentwicklungen vorzustellen – und hoffen, dass sie wiederum zum Weiterdenken anregen!

Die meisten Materialien und Ideen haben wir nicht nur beschrieben, sondern zum besseren Verständnis durch Fotos ergänzt. Es versteht sich von selbst, dass die abgebildeten Materialien nur Beispielcharakter haben und durch andere ersetzt werden können (und sollen), um sie individuell anzupassen. Es geht uns mehr um die dahinter liegende Idee, die ganz unterschiedlich umgesetzt werden kann.

Um die Lesbarkeit des Textes zu erhalten, haben wir uns entschlossen, bei allgemeinen Personenbezeichnungen die grammatikalisch männliche Form zu verwenden. Es versteht sich von selbst, dass sich die Aussagen auf Mitarbeiterinnen, Klientinnen, Gruppenleiterinnen usw. beiderlei Geschlechts beziehen.

Da wir in den unterschiedlichen Settings mit verschiedenen Personen zusammenarbeiten, sind viele der Ideen gemeinsam mit anderen entstanden, die wir leider nicht alle namentlich nennen können. Wir möchten an dieser Stelle aber allen danken, die sich kreativ eingebracht und zur Entwicklung der hier vorgestellten Materialsammlung beigetragen haben. Hier gilt unser besonderer Dank den Mitarbeitern und Mitarbeiterinnen in unseren SOKO-Gruppen: Julia Fritzsche, Patric Selbach, Carolin Kluge und Katja Doobe.

Mainz, im Mai 2011
Anne Häußler
Antje Tuckermann
Eva Lausmann

1. Einleitung

Förderung sozialer Kompetenzen beginnt damit einen Rahmen zu bieten, der das Zulassen von Nähe – zunächst einmal rein räumlich – ermöglicht und unterstützt. Zeitlich und räumlich übersichtliche und von den sozialen Anforderungen her durchschaubare Situationen bieten Sicherheit im Zusammentreffen mit anderen Menschen. Insofern ist leicht nachzuvollziehen, wieso sich die strukturierenden Strategien des TEACCH-Ansatzes auch und gerade in sozialen Situationen effektiv anwenden lassen.
In der Regel sind es nicht der Inhalt eines Spiels oder das spezielle Material für eine Aktivität, die eine bestimmte soziale Anforderung stellen. Vielmehr sind es der Rahmen, den wir der Aktivität geben, und die Regeln, die wir beim Umgang mit dem Material auferlegen, wodurch der „Schwierigkeitsgrad" einer sozialen Situation bestimmt wird. Um angemessene Förderangebote zu gestalten, ist es daher unerlässlich, sich der zugrunde liegenden sozialen Anforderungen interaktiver Situationen bewusst zu sein und Strategien zu entwickeln, wie man den „Schwierigkeitsgrad" verändern und anpassen kann. Hierbei kann das *Social Skills Assessment* (Boswell et al., 1996; in Häußler et al., 2003) eine Richtschnur bieten.

Vor diesem Hintergrund wird deutlich, dass soziale Förderung nicht erst im Rahmen eines „Sozialtrainings" und nicht nur in Gruppen stattfindet. Ebenso sollte deutlich sein, dass die Förderung sozialer Kompetenzen keineswegs nur ein Thema für Menschen mit Asperger Syndrom oder High-functioning Autismus ist, die sich verbal ausdrücken und Erlebnisse analysieren können. Die Entwicklung sozialer Kompetenzen stellt einen Kernbereich der Förderung nach dem TEACCH-Ansatz dar und ist ein fester Bestandteil einer an TEACCH orientierten pädagogisch-therapeutischen Arbeit, unabhängig vom Grad der Beeinträchtigung eines Kindes oder Klienten.

Der TEACCH-Ansatz kennt sehr unterschiedliche Formate zur Förderung sozialer Fähigkeiten. Neben der Einflechtung gezielter sozialer Anforderungen in den (Gruppen-)Alltag werden auch spezielle Angebote gestaltet. Diese reichen von strukturierten Situationen zur Anbahnung von Kontakt über individuell angepasste Partneraktivitäten und strukturierte Spielgruppen bis hin zu so genannten „Social Groups" (Sozialgruppen). Solche „Social Groups" bieten einerseits eine Form der Gemeinschaft, andererseits aber auch einen Rahmen, in dem soziale Situationen reflektiert und gezielt zwischenmenschliche Fähigkeiten erarbeitet und geübt werden können. Ähnlich sind die SOKO-Gruppen von Häußler et al. (2003) einzuordnen.

Spezielle Gruppen zur Förderung sozialer Kompetenzen für Menschen mit einer Autismus Spektrum Störung sind sehr nachgefragt. Unserer Erfahrung nach profitieren ältere Kinder, Jugendliche und Erwachsene oft davon, auch anderen

Menschen zu begegnen, die sich aufgrund ihrer Diagnose ähnlichen (sozialen) Herausforderungen stellen müssen wie sie selbst. Das bedeutet jedoch nicht, dass homogene Gruppen grundsätzlich das geeignete Format für ein „Sozialkompetenztraining“ sind. Integrative Spielgruppen und angeleitete Aktivitäten mit einem neurotypischen Spielpartner haben sich oft als ausgesprochen effektiv erwiesen – vorausgesetzt, dass die interaktiven Anforderungen individuell an die einzelnen Beteiligten angepasst wurden. Wie immer, muss über die jeweils geeignete Form der Förderung individuell entschieden werden.

Der vorliegende Band enthält Materialien und Ideen zur Förderung sozialer Kompetenzen, die in unterschiedlichen Settings Anwendung finden können. Der Leitfaden zur Planung eines Gruppenangebots ist für alle Altersgruppen geeignet und kann sowohl für homogene als auch für integrative Gruppen genutzt werden. Gleiches gilt für die Förderplanung und die Dokumentationssysteme. Strukturierende Hilfen müssen jeweils individuell gestaltet und angepasst werden, lassen sich jedoch auch in unterschiedlichen sozialen Zusammenhängen einsetzen. Wir haben einige Beispiele aus verschiedenen Settings als Anregung zusammengestellt. Die aufgeführten Spiele, Aktivitäten und Kommunikationshilfen entstammen überwiegend unseren SOKO-Gruppen und wurden für bestimmte Kinder/Jugendliche mit bestimmten Zielsetzungen entwickelt. Dabei haben wir die Interessen „unserer“ Kinder aufgegriffen und die Aktivitäten auf deren Fähigkeiten abgestimmt. Wie bei allen „TEACCH Materialien“ gilt auch hier, dass die Grundidee oft aufgenommen werden kann, die jeweilige Ausgestaltung dann aber individuell verändert werden muss!
Dasselbe lässt sich auch in Bezug auf die Social Stories© sagen. Wir sind etwas ausführlicher auf diese Methode eingegangen, weil wir sie in unserer praktischen Arbeit häufig einsetzen und es so gut wie keine deutsche Literatur zu diesem Thema gibt. Unserer Ansicht nach sollten Social Stories© in einer Ideensammlung zu sozialer Kompetenzförderung nicht fehlen.
TEACCH ist bekanntermaßen ein „methodenoffener“ Ansatz – und die Social Stories© von Carol Gray lassen sich hervorragend integrieren.

In die Arbeit integrieren lassen sich auch Fördermaterialien und Spiele, die man käuflich erwerben kann. Diese muss man oft noch individuell abändern und anpassen, doch bieten sie nicht selten eine gute Ausgangsbasis. Einige der Materialien, die wir nützlich fanden, haben wir, zusammen mit den Bezugshinweisen, am Ende des Buches aufgelistet. Auch diese Liste versteht sich, wie alle Kapitel in diesem Band, als Ergänzung zum Buch „SOKO Autismus“ (Häußler et al., 2003).

Unabhängig davon, welches Material in welchem Setting zum Einsatz kommt – stets sollte das erste und oberste Ziel der sozialen Förderung nach dem TEACCH-Ansatz im Blick behalten werden: Kontaktaufnahme und Kontaktgestaltung in einer Weise zu ermöglichen, in der die Interaktionspartner *Freude* daran haben und den *Kontakt genießen* können. Das heißt: vor der Übung und dem (notwendigen) Training kommen das Wohlfühlen und der Spaß!!

2. Starthilfen zum Aufbau einer SOKO-Gruppe

Nicht immer sind spezielle Gruppen zur Förderung sozialer Kompetenzen der individuell geeignete Weg. Erscheint es jedoch sinnvoll, Klienten zu einer Sozialkompetenzgruppe zusammenzufassen und ein Gruppenangebot zu gestalten, so finden sich in diesem Kapitel einige praktische Hinweise zur Planung und zum Aufbau einer SOKO-Gruppe.

Bevor man mit einer neuen SOKO-Gruppe beginnt, ist es sinnvoll, sich über bestimmte Rahmenbedingungen Gedanken zu machen. Dies betrifft die räumlichen und zeitlichen Bedingungen, die Gruppengröße und den Personalschlüssel ebenso wie die grundlegenden Gestaltungselemente.

Bei der Gesamtplanung setzen wir eine Checkliste als Leitfaden ein. Diese wird im Verlauf des Planungsprozesses immer weiter ergänzt, bis das Konzept steht. Anhand eines konkreten Beispiels im Anschluss soll die Nutzung der Checkliste verdeutlicht werden, sie findet sich zudem am Ende des Kapitels nochmals als Kopiervorlage.

Gruppenkonzeption

Wie häufig sollen die Treffen stattfinden?	Alle 14 Tage
Wo findet die Gruppe statt?	Therapie- und Beratungsstelle
Wie viele Teilnehmer?	4
Welche Teilnehmer?	Pascal, Marian, Stefan, Leon
Wie lange soll eine Sitzung dauern?	120 min.

Welche Elemente sollen im Ablauf wiederkehren?

Wie geht's?	**Snack**	**Freies Spiel**	**Feedback: wie war es?**	**gemeins. Aufräumen**	

Weitere Hinweise/Ideen:
- Wie geht's: Mit Skala 1–6, jeder klettet Foto auf Skala
- Snack: Bestellsystem und immer mal wieder Mahlzeiten gemeinsam zubereiten, z. B. Waffeln
- Freies Spiel: erstmal Auswahl von 3 unterschiedlichen Materialien. Zu Beginn Material mit dem man sich alleine beschäftigen kann, später Material, welches nur gemeinsam funktioniert
- Aufräumen: Plan „wer macht was?"

Welche Strukturierungselemente sollen eingesetzt werden?

Zeitliche:	Räumliche:
– Ablaufplan: Was machen wir heute? – Aufräum-Plan – TimeTimer für Pause und Freispielzeit	– ein Tisch für Spiele – ein Tisch für Pause Freispiel immer in der gleichen Ecke – Sitzplätze durch Namen auf den Stühlen gekennzeichnet

Checkliste Konzeption (Beispiel)

2.1 Gestaltungselemente

Mit „Gestaltungselementen“ meinen wir die Bausteine, aus denen sich der Gruppenablauf zusammensetzt. Sie bilden das Grundraster für die zeitliche Planung. Der Ablauf ist natürlich – wie jeder Plan – flexibel und kann nach Bedarf umgestellt und angepasst werden. Im Verlauf des Gruppenprozesses ergeben sich oft Anlässe für die Aufnahme eines neuen Gestaltungselements und gute Gründe, ein anderes wegzulassen. Die folgenden Elemente werden beispielhaft aufgeführt und beschrieben; sie sollen dazu anregen, sich für die eigene Gruppe passende Elemente zu überlegen und auszugestalten.

Begrüßung/Eröffnung

Ein klarer Anfang und ein klares Ende bieten Orientierung und Sicherheit. Wenn alle Teilnehmer da sind und die Gruppe beginnt, sollte dies daher mit eindeutigen Signalen begleitet sein.

Oft bietet es sich an, ein *Anfangsritual* durchzuführen. Dies kann darin bestehen die Gruppe „einzuläuten“, indem nacheinander alle im Kreis sitzenden Kinder eine Glocke läuten, die sie weiterreichen. In einer anderen Gruppe legen alle die Hände übereinander, rufen: „Spie-, Spa- Spieletreff!“ und reißen die Arme hoch. Wieder andere beginnen mit einem gemeinsamen Lied.

Bei älteren und sprachlich stärkeren Teilnehmern können wir die *Begrüßung* als Thema aufnehmen und gestalten. Begrüßungsrituale, Formulierungen und Gesten können hier geübt werden.

Erzählrunde

In Gruppen mit sprechenden (oder unterstützt kommunizierenden) Teilnehmern kann das Gespräch einen festen Platz einnehmen. Es gehört aber zu den schwierigsten Übungen, sich gegenseitig etwas Erlebtes zu erzählen und den anderen dabei zuzuhören! Hier finden *individuelle Kommunikationshilfen* und Hinweise zur Gesprächsführung Anwendung (s. Kapitel „Hilfen zur Gesprächsführung“, S. 59).

Auch die *Strukturierung der Gesprächssituation* kann visuell unterstützt werden. In einer Gruppe setzen wir zum Beispiel „Rollenkarten“ ein: Die Abbildungen von Ohren bzw. Mikrofon zeigen an, ob man Sprecher ist oder die Rolle des Zuhörers hat (Abb. Rollenkarten). Den Sprecher kann man zusätzlich noch kenntlich machen, indem er den „Erzählhut“ trägt.
In einer anderen Gruppe haben wir „Erzählklötze“ eingeführt: Jeder Teilnehmer bekommt vor der Erzählrunde einen Klotz in die Hand. Dieser soll, wenn der Betreffende das Wort ergreifen und sein Erlebnis erzählen will, in einen Korb in

der Kreismitte abgelegt werden (Abb. Erzählklötze). Die Aufgabe besteht dann darin, am Ende der Erzählrunde seinen Klotz losgeworden zu sein. Dieses Format hat den Vorteil, dass jeder Teilnehmer einen sicht- und fühlbaren Anreiz hat, sich zu Wort zu melden, ohne dass man sich an eine feste Reihenfolge halten kann. Somit muss jeder aktiv nach einem geeigneten Zeitpunkt suchen um sich einzubringen.

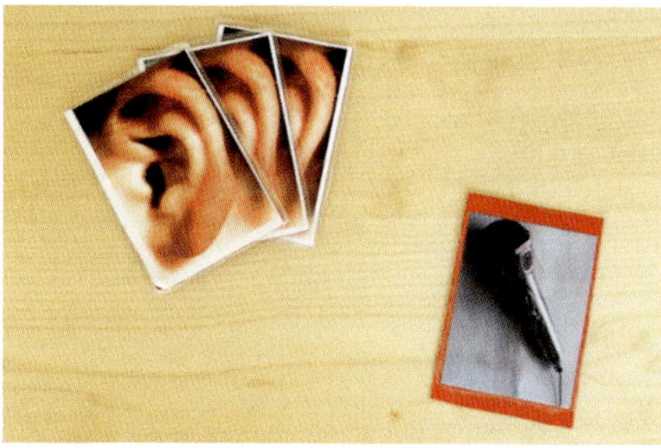

Rollenkarten

Erzählklötze

Stimmungsbild

Oft besteht bei den Gruppenleitern der Wunsch von den Teilnehmern zu erfahren, wie es ihnen geht. Nicht selten sind Menschen mit einer Autismus-Spektrum-Störung von dieser Fragestellung jedoch überfordert. Manchen unserer Teilnehmer hilft es, sich mit Hilfe einer Skala auszudrücken. Bei der hier abgebildeten Skala verorten sich die Teilnehmer mittels eines Namens-Kärtchens oder auch nur anhand des Anfangbuchstabens ihres Vornamens. Es ist auch denkbar, Fotos einzusetzen. Durch das „X“ wird die Mitte zur „Tabuzone“ erklärt, was jeden Teilnehmer dazu anhält, zumindest eine Tendenz zu äußern. Andere Ideen hierzu finden sich bei Häußler et al. (2003).

Skala

Organisation

Organisatorische Aufgaben, wie das Ausfüllen der Teilnehmerliste, das Führen der Gruppenkasse oder die Leitung einer Abstimmung über gemeinsame Aktivitäten können oft auch in die Hände der Gruppenmitglieder gelegt werden. Entsprechend gestaltete Anwesenheitslisten, Arbeitsblätter zur Kassenführung oder Hilfen zur Leitung einer Abstimmung finden hier oft Verwendung.

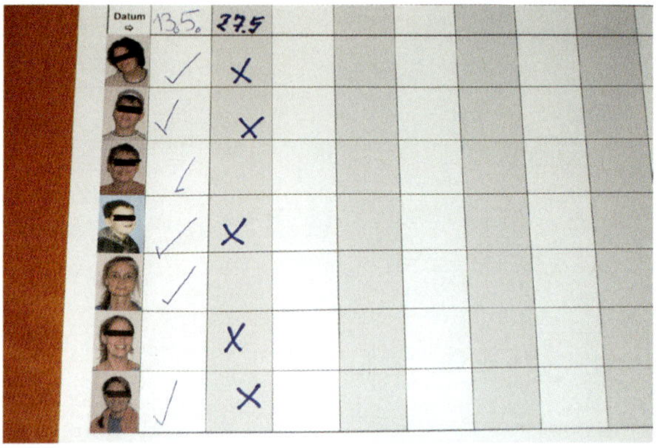

Anwesenheitsliste

Strukturierte Spiele

Ob handelsübliche Gesellschaftsspiele oder individuell erstellte Spiele – durch die Art, wie wir das Material aufbereiten und anbieten, und die Regeln, die wir für den Umgang mit dem Material festlegen, geben wir den Spielen eine klare Struktur. Oft wandeln wir fertige Spiele ab, um die sozialen, kognitiven und motorischen Anforderungen individuell an die einzelnen Mitspieler anzupassen. Phasen des strukturierten Spiels bieten die Möglichkeit, gemeinsam aktiv zu sein und dabei eine sichere, klar geregelte soziale Situation zu erleben. Beispiele für von uns entwickelte strukturierte Spiele und Aktivitäten zur Förderung sozialer Kompetenzen finden sich im entsprechenden Kapitel (S. 35 ff.).

Freispiel

Im Unterschied zu strukturierten Spielsituationen bietet das Freispiel Gelegenheit zur Auseinandersetzung mit unvorhersehbaren Kontakten und spontanen Interaktionen. Dennoch – beziehungsweise gerade deswegen – sind die Materialien für das freie Spiel mit Bedacht ausgewählt. In der *Spielkiste* findet sich daher oft Spielmaterial, das nur zu zweit benutzt werden kann (z. B. ein Transportband). Oder wir füllen sie mit beliebten Spielgeräten, die für mehrere Kinder interessant sind und daher zu Verhandlungen und Auseinandersetzungen anregen.

Wahlzeit

In der Wahlzeit gilt es sich aus einer Auswahl von Spielen eines auszusuchen, das dann gemeinsam gespielt wird. Wir stellen eine begrenzte Auswahl an Spielen bereit (i. d. R. zwischen zwei und vier Spielen). Nun sind die Teilnehmer angehalten abzustimmen, was gespielt werden soll. Die eigene Wahl anzuzeigen kann auf sehr unterschiedliche Art geschehen. In einer Gruppe legt jedes Kind eine Hand auf das von ihm favorisierte Spiel. Sobald alle Kinder eine Hand auf einem Spiel liegen haben, kann abgezählt werden für welches Spiel eine Mehrheit zustande kommt. Sollten zwei Spiele gleich häufig gewählt worden sein, gilt

Wahl 1

Wahl 2

es zu verhandeln, sich gegenseitig zu überzeugen oder Kompromisse zu finden. Eine andere Idee ist, dass jeder Teilnehmer eine Klammer an ein Bild heftet, das das favorisierte Spiel abbildet (Abb. Wahl 1). Verhandlungen sind auch nötig, wenn durch eine begrenzte Anzahl von Klammern festgelegt ist, wie viele Spiele ausgewählt werden dürfen – Bilder der ausgewählten Aktivitäten werden mit einer Klammer markiert und landen im „Entscheidungskarton“ (Abb. Wahl 2).

Pause

Die Pause, mit einem kleinen Snack verbunden, zählt zu den Kernstücken einer SOKO-Gruppe. Zum einen bietet eine Situation rund um Essen und Trinken viel Anlass und Anreiz zur Kommunikation. Zum anderen ist gemeinsames Essen eine der wichtigsten sozialen Situationen in unserer Kultur. Im Rahmen der Pause lassen sich kommunikative Förderziele ebenso gut verankern wie das Einhalten sozialer Regeln (angefangen von Tischmanieren bis hin zu einer für eine Essenssituation angemessenen Themenauswahl).
Je nach Gruppe variiert die zeitliche, räumliche und inhaltliche Gestaltung der Pause. Während in einer Gruppe die Bestellung von Essen und Trinken im Vordergrund steht, wird in einer anderen der Schwerpunkt darauf gelegt, dass die Teilnehmer einander gegenseitig abgeben und Snackartikel tauschen. Wieder andere nutzen die Pause, um Smalltalk zu üben.

Pausenvorbereitung und Aufräumen

Auch die Vor- und Nachbereitung der Pause kann als eigenständige „Aktivität" angesehen werden. Hier geht es darum, Aufgaben wie Tisch decken, Essen zubereiten, Getränke vorbereiten, Abräumen und Abwaschen so zu strukturieren, dass die Teilnehmer sich einbringen können. Dabei gilt es individuell zu entscheiden, wann und wo die Selbstständigkeit im Vordergrund stehen soll und wann gezielt Situationen geschaffen werden, die dazu anregen nach Hilfe zu fragen oder sich einen Partner zu suchen.

Rätselkiste

Die „Rätselkiste" bietet ein Format zur Anregung spontaner Interaktionen. In der „Rätselkiste" befinden sich so viele Teile einer Aktivität, wie es Gruppenmitglieder sind (ggf. spielen die Begleiter auch mit!). Die Kiste wird herumgegeben. Nacheinander hebt jeder Teilnehmer den Deckel, entnimmt ein Teil und reicht die Kiste weiter. Dann wird die leere Kiste beiseite gestellt und alle zeigen, was sie in der Hand haben. Gemeinsam überlegen alle, was man damit machen kann. Der Trick ist, dass keiner mit seinem Teil allein etwas anfangen kann, sondern dass nur in Kombination mit den Anderen etwas erreicht wird oder der Effekt am größten ist. (Wenn man mehr Teile braucht, als Personen mitspielen, kann man nach dem ersten Erkunden und Ausprobieren das Material natürlich noch ergänzen.)

Rätselkiste

Denkbare Füllungen für eine Rätselkiste könnten zum Beispiel sein: Metallkugeln und Magnetstäbe; Puzzleteile; einzelne Teile von Konstruktionsmaterial; Bruchstücke einer Botschaft, die zusammengesetzt werden muss; Einzelteile einer Taschenlampe, die es zu montieren gilt.

Auf einer niedrigeren Stufe sozialer Interaktion geht es noch nicht um Kooperation und Teilen, sondern um das gegenseitige Beobachten und Imitieren. Dann befinden sich in der Rätselkiste gleiche Materialien und man kann voneinander abschauen, was sich mit ihnen tun lässt.

Schatzkiste

Hinter der „Schatzkiste“ steckt der Gedanke, dass jeder Teilnehmer mit seinem Spezialthema auch einmal im Mittelpunkt stehen darf. Beim vorherigen Gruppentreffen wird verabredet, wer als nächstes einen „Schatz“ mitbringt. Dies ist ein Gegenstand, der für den Teilnehmer etwas Besonderes darstellt und der ihm wichtig ist. Zu Beginn des Treffens wird der „Schatz“ im Geheimen dem Gruppenleiter übergeben, der diesen in die Schatzkiste legt. Zu gegebener Zeit wird der Schatz versteckt und die Schatzsuche beginnt. Ist die Schatzkiste entdeckt, darf der Teilnehmer, der den Schatz mitgebracht hat, die Kiste öffnen und zeigen, was sich darin befindet. Er darf dazu etwas erzählen. Wenn möglich, gibt er den Schatz herum, damit ihn sich jeder einmal genau anschauen kann. Indem die anderen Fragen dazu stellen, üben sie, sich auch für das Thema einer anderen Person zu interessieren.

Schatzkiste

Entspannung

Manchmal bietet es sich an, eine Entspannungsphase fest in den Ablauf mit einzuplanen. In einer Gruppe war dies am Ende des Treffens sinnvoll – nach dem Freispiel und vor dem Nachhausegehen. Hier wechselten sich alle bei Partnermassage mit einem Massageball ab, während ruhige Musik spielte.

Abschlussrunde / Schlussritual

Auch das Ende eines Gruppentreffens sollte klar gestaltet sein. Ob dies eine geleitete *Abschlussrunde* ist oder ob es sich um ein kurzes *Schlussritual* handelt, hängt von der jeweiligen Gruppe ab. So endet eine Gruppe mit Feedback zum Gruppenverlauf und Planung für das nächste Treffen. Dies geschieht anhand eines kleinen Fragebogens, der von den Teilnehmern ausgefüllt und im Anschluss vorgelesen wird.

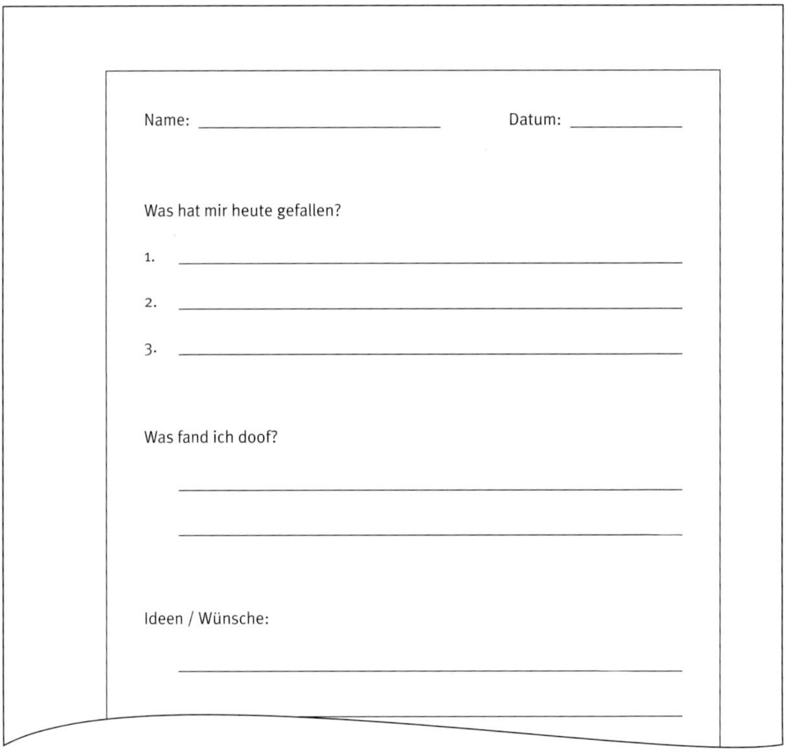

Name: ____________________ Datum: __________

Was hat mir heute gefallen?

1. ____________________
2. ____________________
3. ____________________

Was fand ich doof?

____

____

Ideen / Wünsche:

____

____

Feedbackbogen

In einer anderen Gruppe nutzen wir eine Skala, auf der angezeigt werden kann, wie gut es heute gefallen hat (Beispiele hierzu finden sich in SOKO Autismus (Häußler et al., 2003 bzw. im Kapitel 6 „Hilfen zur Gesprächsführung“).

In einer Gruppe mit Teilnehmern, die weniger gut ausgeprägte verbale Fähigkeiten haben, werden alle in der heutigen Sitzung verwendeten Materialien erneut auf den Tisch gelegt. Jeder Teilnehmer darf sich nun dasjenige aussuchen, welches ihm am besten gefallen hat.

Das Abschlussritual in einer anderen Gruppe besteht darin, einen Händeturm zu bilden und dann im Anschluss mit dem Ruf: „Tschi, Tscha, Tschüss!" zu verabschieden. Eine weitere schöne Idee ist, eine „Danke-Kiste" herumgehen zu lassen: In der Kiste sind Gummibärchen, von denen sich jedes Kind eines nehmen darf. Beim Weitergeben der Kiste sagt einer zum nächsten: „Danke, dass du mit mir gespielt hast!"

2.2 Strukturierungselemente

Strukturierende und visuelle Hilfen bilden einen zentralen Aspekt in der Förderung nach dem TEACCH-Ansatz. Im Rahmen des *Structured Teaching* dienen sie der räumlichen und zeitlichen Orientierung sowie der möglichst selbstständigen Handlungsorganisation. Sie sind ebenso wichtig, wenn es darum geht, ganz allein etwas zu tun, wie wenn es darum geht, gemeinsam mit anderen zurechtzukommen und tätig zu werden.
Wenn eine gemeinsame Aktivität das Ziel ist, müssen sowohl die räumliche Organisation, als auch die zeitliche Strukturierung und die Auswahl und Gestaltung des Materials so gewählt sein, dass sie *allen* Beteiligten einen Zugang ermöglichen. Das heißt, es gilt, möglichst optimale Rahmenbedingungen für eine Interaktion zu schaffen. In unseren Gruppen haben wir das Ziel, durch größtmögliche Transparenz den Teilnehmern eine vorhersehbare und übersichtliche soziale Situation zu schaffen, auf die sie sich gut einlassen können.

Beispielhaft wollen wir an dieser Stelle einige Strukturierungselemente aus unseren Gruppen vorstellen. Sie beziehen sich insbesondere auf zeitliche und räumliche Aspekte. Hinweise zur Gestaltung und Strukturierung von Materialien finden sich im Zusammenhang mit den Beschreibungen konkreter Spiele und Aktivitäten in Kapitel 4. Für weitere Ideen hinsichtlich der räumlichen und zeitlichen Strukturierung in Gruppensituationen verweisen wir auf die Bücher „SOKO Autismus" (Häußler et al., 2003) sowie „Praktische Hilfen für Kinder mit Autismus Spektrum Störungen" (Bernard-Opitz & Häußler, 2010).

Der Gruppenplan

Neben anderen zeitlichen Orientierungshilfen wie Uhren, Timer, visuelle und akustische Signale für Beginn und Ende einer Aktivität gehört der Gruppenplan zu den zentralen Elementen der Strukturierung. Er dient dazu den Teilnehmern zu verdeutlichen, was sie an dem Tag in der Gruppe erwartet. Im Unterschied zu den üblichen individuellen Tagesplänen beinhaltet der Gruppenplan Informationen, die für alle Teilnehmer relevant sind. Er sollte deshalb für *alle zugänglich und gleichermaßen verständlich* sein. Ob der Plan aus schriftlichen Hinweisen oder aus den konkreten Materialien besteht, ist von Gruppe zu Gruppe unterschiedlich und hängt von der Lesefähigkeit der jeweiligen Gruppenmitglieder ab.

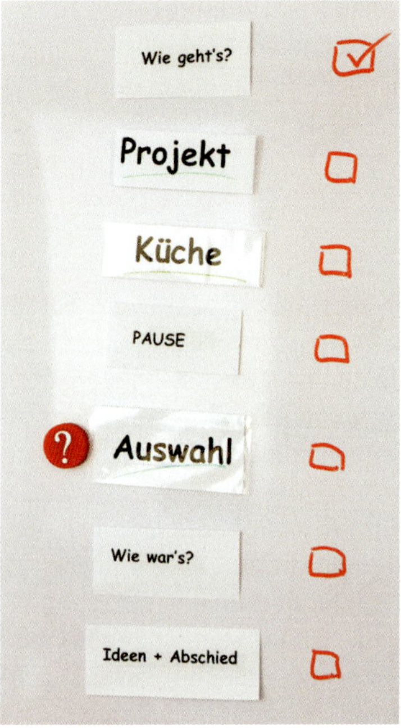

Plan Magnettafel

Gegenstandsplan Tisch

Gegenstandsplan Regal

Hilfen zur räumlichen Orientierung und Organisation

Elemente der räumlichen Strukturierung helfen den Teilnehmern zu erkennen, wo sie sich aufhalten sollen, was wo getan wird und wo was hingehört.
So finden die Kinder in einer Gruppe den Weg ins Spielzimmer, indem sie sich mit Hilfe eines Fotos auf einem Spielgruppenplakat einchecken, wenn sie den Raum betreten (Abb. Spielgruppenplakat). In einer anderen Gruppe finden die Teilnehmer ihren Platz durch die entsprechende Kennzeichnung ihres Stuhls mit ihrem Namen (Abb. Kennzeichnung Sitzplätze).

Spielgruppenplakat

Kennzeichnung Sitzplätze

Markierungen, Behälter für bestimmte Gegenstände und Hinweise an den Regalen helfen dabei zu erkennen, wo sich welche Dinge befinden beziehungsweise wo sie hingeräumt werden sollen. So bringen in einer Gruppe die Teilnehmer die jeweiligen Snacks für die Pause mit und stellen diese im Pausenregal ab (Abb. Pausenregal).

Pausenregal

Zur besseren Orientierung dahingehend, wo welche Aktivitäten stattfinden, teilen wir den Raum häufig in einen Freispielbereich, einen Tisch zum gemeinsamen Essen und einen Tisch für gemeinsame Spiele (Abb. Großraum). Das hilft dabei klar zu vermitteln, wo welche Verhaltensregeln gelten (z. B. freie Wahl im Freispiel aber Kompromissfindung hinsichtlich des gemeinsamen Spiels am Spieletisch).

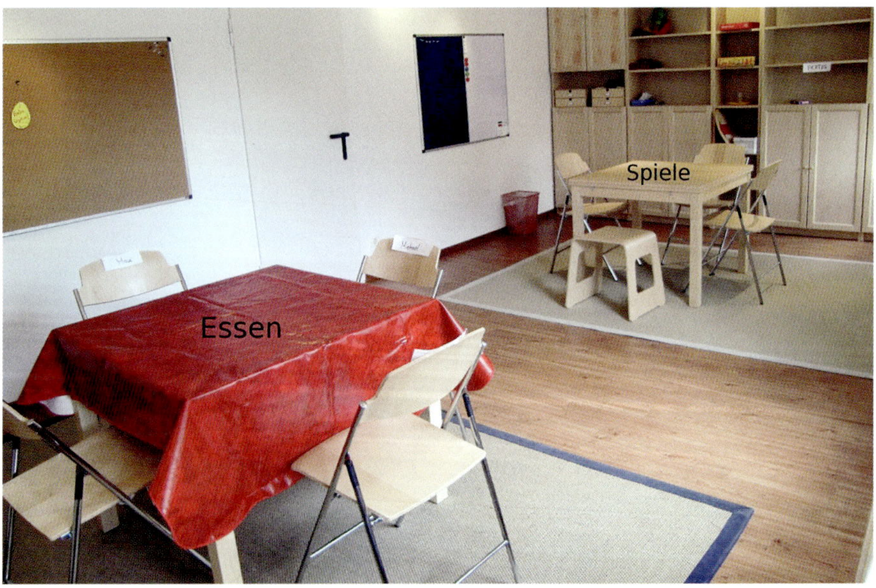

Großraum

Gruppenkonzeption

Wie häufig sollen die Treffen stattfinden?	
Wo findet die Gruppe statt?	
Wie viele Teilnehmer?	
Welche Teilnehmer?	
Wie lange soll eine Sitzung dauern?	

Welche Elemente sollen im Ablauf wiederkehren?

Weitere Hinweise/Ideen:

Welche Strukturierungselemente sollen eingesetzt werden?

Zeitliche:	Räumliche:

Checkliste Konzeption

3. Ziel- und Förderplanung

Individualisierung gehört zu den Grundprinzipien des TEACCH-Ansatzes. Daher werden unsere Ziele immer individuell für die einzelnen Gruppenmitglieder formuliert. Es gibt also kein fertiges „Trainingsprogramm“, welches abgearbeitet werden kann und an dessen Ende ein sozial kompetenter Teilnehmer steht.
Entsprechend den Grundsätzen des TEACCH-Ansatzes sollen die Förderziele folgende Kriterien erfüllen:
Sie sind
a) orientiert an den Bedürfnissen des Klienten und dessen Bezugspersonen;
b) im Förderzeitraum zu erreichen sowie
c) realistisch bezüglich der derzeit vorhandenen Kompetenzen und Fähigkeitsansätze des Klienten.

Der Prozess der Zielfindung und Interventionsplanung folgt einem klaren Ablauf. Diesen wollen wir im Folgenden anhand eines konkreten Beispiels darstellen. Alle Formulare sind am Ende des Kapitels als Kopiervorlage zu finden.

Prozess der Ziel- & Förderplanung bei SOKO

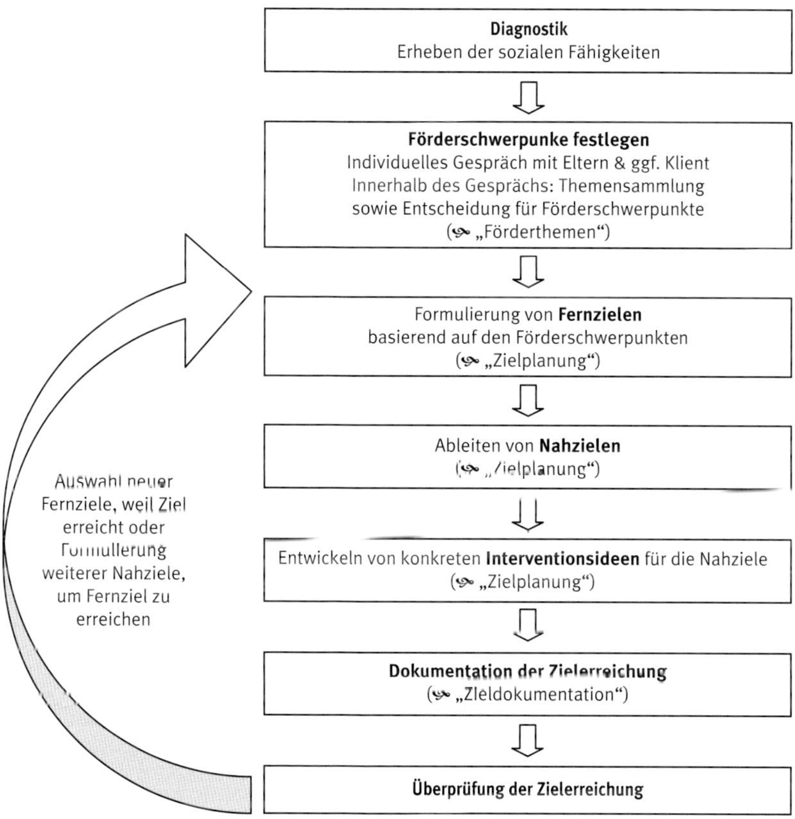

Diagnostik

Zur Erhebung der sozialen Fähigkeiten unserer Teilnehmer nutzen wir den Erhebungsbogen für Soziale Fähigkeiten (*Social Skills Assessment* von Boswell, Braswell & Wade, 1996; dt. Übersetzung in SOKO Autismus, Häußler et al., 2003). Informationen erhalten wir zudem durch unsere eigenen Beobachtungen bei Kennenlern- oder Hospitationsterminen sowie durch Gespräche mit den Eltern.
Generell ist die Phase der Diagnostik niemals abgeschlossen, denn im Verlauf der Gruppe ergeben sich vielfach neue Beobachtungen. Zudem entwickeln sich die Fähigkeiten der Teilnehmer, so dass wir unsere Angebote immer wieder neu an die sich verändernden Bedingungen anpassen müssen.

Förderschwerpunkte festlegen

In einem gemeinsamen Gespräch mit Gruppenleitung, Eltern und Klient werden nach Abschluss der Eingangsdiagnostik Themen gesammelt, die mit dem Klienten im Rahmen der sozialen Förderung bei SOKO bearbeitet werden sollen. Hierbei ist der Klient selbst aktiv beteiligt; es werden aber auch Anregungen der Eltern mit aufgenommen. Bei nicht-sprechenden Teilnehmern sind wir mehr auf die Berichte der Bezugspersonen sowie unsere eigenen Beobachtungen angewiesen. Dann stellen die mit dem Erhebungsbogen gewonnenen Daten eine besonders wichtige Informationsquelle dar. Auch die Gruppenleitung nimmt eine

Themen für **Marian** im Rahmen der sozialen Förderung bei SOKO

Gespräch vom **13.09.2010**

Teilnehmer: **Marian, Herr und Frau Schmidt (Eltern), Gruppenleitung**

Thema	Thema von	Förderschwerpunkt
1. Bereitschaft zur Gruppenteilnahme	Eltern	X
3. Auf Ideen Anderer einlassen	Team Autismus	
6. Tischmanieren	Eltern	
7. Kompromisse schließen, verhandeln	Team Autismus	X
8. Freundschaften schließen	Marian	X

Förderthemen Beispiel

aktive Rolle ein und schlägt Themen vor. Im Formular „Förderthemen“ werden alle Vorschläge gesammelt.

Der nächste Schritt besteht dann darin, Förderschwerpunkte für den nächsten Förderzeitraum festzulegen (bei uns meistens ein Quartal). Hier achten wir darauf, dass möglichst Ziele von allen Beteiligten mit aufgenommen werden (ein Ziel des Klienten, ein Ziel der Eltern, ein Ziel der Gruppenleitung, ...). Diese Schwerpunkte werden dann entsprechend gekennzeichnet.

Zielplanung

Basierend auf den im Gespräch festgelegten Förderschwerpunkten werden im Anschluss Fernziele abgeleitet. Hieraus entwickeln sich die ersten Nahziele, welche möglichst konkret und „messbar“ formuliert werden, um überprüfen zu können, ob das Ziel erreicht ist.
Das erste Nahziel beantwortet die Frage, welches der erste Schritt, auf dem Weg zum Fernziel sein könnte. Zu Beginn des Förderzeitraums kann es sinnvoll sein, mindestens die ersten drei Nahziele abzuleiten, um im Anschluss Ideen zu entwickeln, mit welchen Maßnahmen das Ziel erreicht werden könnte.

Zur Strukturierung dieses Prozesses nutzen wir das Formular „Zielplanung“, welches genau diesen drei Schritten Raum bietet.

Ziele für **Marian** im Rahmen der sozialen Förderung bei SOKO

Förderzeitraum: 1/2011 – 6/2011

Fernziel	**Nahziele**	**Interventionsideen**
1. M. macht in Gesamtgruppe bei allen Aktivitäten mit	1. M. kommt rein	a) erste Aktivität ist Wunschaktivität b) Time Timer einsetzen → Anwesenheitszeit langsam steigern c) Ablaufplan mit motivierendem Ende d) Verstärkersystem: alle 10 min. 1 Token → bei 12: Geschenkesack zuhause e) Individuelle Regel: bei Aktivität mitmachen (komplett) oder mit Buch auf Sofa f) Marians Interessen erheben g) Marians Interessen in Aktivitäten integrieren h) Gruppe für Sequenzen in Kleingruppen teilen i) Wahlmöglichkeiten/Mitbestimmung bzgl. Aktivitäten j) Erfolgserlebnisse durch Zusammensein mit Anderen (Aktivitäten, die nicht alleine funktionieren)
	2. M. bleibt volle Zeit	
	3. M. macht mit in 2er Konstellation bei selbst gewählter Aktivität	
	4. M. macht mit in 2er Konstellation bei fremd gewählter Aktivität	

Zielplanung (Beispiel)

Dokumentation der Zielerreichung

Wer Ziele formuliert, sollte diese auch überprüfen und nachweisen, ob und wann er diese erreicht hat. Es ist auch wichtig zu wissen, mit welchen Maßnahmen man ein Ziel erreicht hat.
Mittlerweile gibt es in unseren Gruppen ein sehr pragmatisches Vorgehen zur Dokumentation. Sie ermöglicht dem Gruppenleiter, für *alle* Teilnehmer eine rasche Einschätzung bezüglich der Zielerreichung nach *jedem* Gruppentreffen vorzunehmen.

Immer nach Ende einer Gruppensitzung wird unter Zuhilfenahme des Formulars „Zielerreichung" dokumentiert, was sich im Hinblick auf die Erreichung des Ziels getan hat. Über eine Kodierung (+, +/- und -) wird eingeschätzt, inwiefern der Teilnehmer in der entsprechenden Sitzung ein Verhalten gezeigt hat, welches sich auf sein derzeitiges Nahziel bezieht. Durch die Kodierung kann sehr schnell und einfach abgelesen werden, wann ein Nahziel erreicht wurde. Hieraus ergibt sich, wann es sinnvoll ist, das nächste Nahziel anzugehen oder ein neues Fernziel zu formulieren. Man erkennt anhand der Dokumentation aber auch, wenn keine Entwicklung hinsichtlich eines Ziels zu erkennen ist. Dann müssen das Ziel überprüft und/oder weitere Interventionsideen entwickelt werden. Um ablesen zu können, ob eine Entwicklung stattfindet oder nicht, ist es sinnvoll, pro Formular jeweils nur ein Fernziel einzutragen und für weitere Fernziele ein neues Formular zu verwenden.

Im Rahmen der Dokumentation wird auch festgehalten, welche Maßnahmen in der Gruppe an dem betreffenden Datum angewendet wurden. Durch die Kodierung mit Buchstaben (a), b), c) ...) ist auch hier eine schnelle und pragmatische Form der Dokumentation möglich.
Auf dem Formular findet sich außerdem Platz, um weitere Hinweise und Ideen einzutragen oder konkretere Beschreibungen der Maßnahmen anzuführen.

Klient: Marian — Fernziel/Thema: Bereitschaft zur Gruppenteilnahme

Datum	Nahziel	Zielbezogenes Verhalten	Intervention	Kommentar
18.1 11	Kommt rein	+	a,b,c	Zunächst Timetimer© auf 5 min. Konnte nach Absprache weitere 10 min. Hat Lego-Technik zum Zeigen mitgebracht, Plan erläutert.
1.02 11	Kommt rein	+	a, b, c, d	Timetimer© 20 min., Verstärkersystem eingeführt, bleibt 20 Min! Wieder was zum Zeigen dabei: Planetenbuch
1 3.11	Bleibt volle Zeit	+	b, c, d, e	Timetimer© zunächst auf halbe Stunde, Wunschaktivität am Ende des Plans, individuelle Regel gemeinsam formuliert: Marian entscheidet vor jeder Aktivität ob er teilnimmt; kann alternativ mit Buch auf Sofa. Wenn er an Aktivität nicht teilnimmt, dann bis zum Ende, quereinsteigen geht nicht!
29.3 11	Bleibt volle Zeit	+/–	b, c, d, e	Schlechte Laune, Konflikt bei Durchsetzung individueller Regel, bricht nach einer Stunde ab. Tagesordnungspunkt unterstützt durch Timetimer© zuerst zu Ende gebracht! Tokenausgabe >> persönlicher Abschluss

Codierungen:
+ = Verhalten gezeigt
+/- = Verhalten in Ansätzen gezeigt
- = Verhalten nicht gezeigt

a,b,c,... siehe Interventionsideen auf Zielplanungsbogen!

Zieldokumentation (Beispiel)

Themen für ____________ im Rahmen der sozialen Förderung bei SOKO

Gespräch vom ________________

Teilnehmer: ____

____

Thema	Thema von	Förder-schwerpunkt
1.		
2.		
3.		
4.		
5.		
6.		
7.		
8.		
9.		
10.		
11.		
12.		

Förderthemen

Zielplanung blanco

Ziele für ____________ im Rahmen der sozialen Förderung bei SOKO

Förderzeitraum: ____________

Fernziel	Nahziele	Interventionsideen
	1.	
	2.	
	3.	
	1.	
	2.	
	3.	
	1.	
	2.	
	3.	
	1.	
	2.	
	3.	

Zieldokumentation

Klient: ____________ Fernziel/Thema: ____________

Datum	Nahziel	Zielbezogenes Verhalten	Intervention	Kommentar

Codierungen:
+ = Verhalten gezeigt
+/- = Verhalten in Ansätzen gezeigt
- = Verhalten nicht gezeigt

a,b,c,... siehe Interventionsideen auf Zielplanungsbogen!

4. Unsere neuen Spiele und Aktivitäten zur Förderung sozialer Kompetenzen

In unserem Grundlagenbuch zu SOKO Autismus (Häußler et al., 2003) haben wir selbst entwickelte Spiele und Materialien vorgestellt, die aus der Arbeit in unserer „Gruppe“ hervorgegangen sind. Seitdem sind natürlich noch weitere Ideen entstanden, die wir an dieser Stelle zugänglich machen wollen. Der Schwerpunkt der neuen Spiele liegt auf Formaten, die zum Gespräch und zur Kommunikation einladen. Es finden sich aber auch einige Aktivitäten, die ohne den Einsatz von Sprache als kooperatives Partner- oder Gruppenspiel gespielt werden können.

Bei Regelspielen im weitesten Sinne erfolgt der Umgang mit dem Material nach bestimmten Vorgaben. Dies bietet Sicherheit und Vorhersehbarkeit und ermöglicht oft einen Einstieg ins gemeinsame Tun. Deutlich höhere Anforderungen an Flexibilität und Kreativität stellt das Rollenspiel. Dies ist natürlich viel schwieriger für Kinder mit ASS; man kann jedoch auch hier einen Rahmen schaffen, der dem Kind erleichtert, sich auf ein Rollenspiel einzulassen, beziehungsweise der es ihm ermöglicht sogar mitzuspielen. Im Anschluss an die strukturierten Spiele beschreiben wir daher noch einige Ideen zur Gestaltung eines Rollenspielsettings, das zum freieren Symbolspiel einlädt.

Für das gemeinsame Spiel, ob für das Regel- oder das Rollenspiel, braucht man mindestens einen Spielpartner. Auch dieser Prozess der Partnerfindung lässt sich – zum Teil spielerisch – gestalten. Daher stellen wir am Ende dieses Kapitels noch einige Ideen dazu vor, wie man einen Partner zum gemeinsamen Tun finden kann.

4.1 Strukturierte Spiele

Jede unserer Spielbeschreibungen enthält Informationen darüber, welches Material wir verwendet haben, wie wir das Spiel gespielt haben und wie man das Spiel abwandeln könnte. Ebenfalls geben wir an, welche sozialen Kompetenzen bei dem jeweiligen Spiel im Vordergrund stehen und angesprochen werden.

Folgende Spiele stellen wir vor:

Transportband (Variation)

Material:

- 1 Schnur (2,5 – 3 m) mit einem Griff (Gardinenring) an jedem Ende
- Transportkorb, der mit Ösen an der Schnur aufgehängt ist

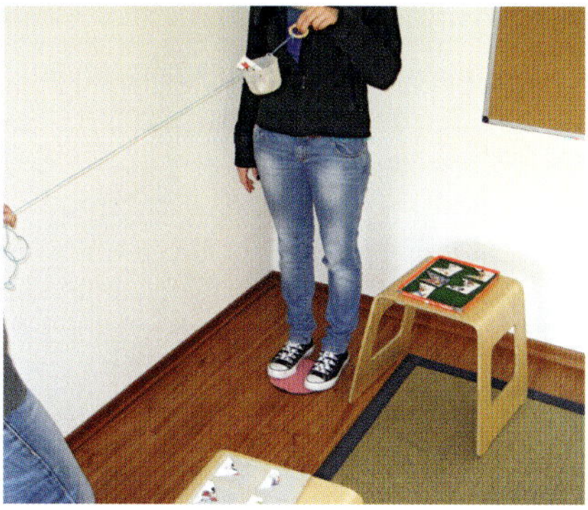

Spielbeschreibung:

Bei dieser Variation von „Transportband" (s. SOKO Autismus, Häußler et al., 2003) nutzen wir das Material, um einen Dialog zu strukturieren: Zwei Spieler stehen sich gegenüber und halten die Schnur zwischen sich gespannt. Hier haben sich Standpunkte bewährt, damit der Abstand der Mitspieler gewahrt bleibt! Der „Auftraggeber" schickt den Transportkorb zum Mitspieler, indem er den Arm hebt, damit der Korb an der Schnur zum Gegenüber rutscht. Zusammen mit dem Korb überbringt er – verbal und/oder visuell – eine Botschaft.

Am konkretesten wird der Vorgang, wenn es sich um eine Bestellung handelt. Zum Beispiel sagt der Spieler: „Ich möchte bitte eine Rosine!" Sein Partner legt ihm eine Rosine in den Korb und schickt diese zurück mit den Worten: „Hier, eine Rosine für dich!"

Wenn man bei der Bestellung eine Auswahl aus mehreren Angeboten treffen muss, ergeben sich oft natürliche Situationen für Nachfragen beziehungsweise die Notwendigkeit sich genauer auszudrücken (z. B. „Ich möchte bitte ein *rotes* Gummibärchen!").

Hinweis zu Variationen:

Natürlich kann man nicht nur Essbares bestellen. Man kann das Spiel auch so gestalten, dass jeder Spieler ein Puzzlebrett hat – die dazugehörigen Teile jedoch beim Mitspieler liegen, so dass man danach fragen muss: „Ich brauche ein Auto (Kran/ Dinosaurier)!"

Förderziele:

- Sich an jemanden wenden
- Soziale Initiative: Eine Bitte formulieren
- Zuhören, was andere sagen
- Soziale Reaktion: Einen Auftrag ausführen

Lumpensammler

Material:

- Bunte Metallplättchen, davon zwei Farben („Spielfarben“) in gleicher Anzahl
- 2 Magnetstäbe (in den Spielfarben)
- 2 Zählbretter
- 1 Dose mit Schlitz im Deckel
- 1 Unterlage (z. B. Tablett)

Spielbeschreibung:
Jeder Mitspieler erhält einen Magnetstab in „seiner“ Farbe. Die Metallplättchen sind auf der Unterlage verteilt. Auf „Los!“ sammeln alle Mitspieler mit ihrem Magnetstab so viele Plättchen wie möglich ein. Wenn alle Plättchen an den Stäben haften, wird ausgezählt: Plättchen der eigenen Farbe werden im eigenen Zählbrett abgelegt; die nicht passenden in die Dose geworfen. Dann wird verglichen: Gewonnen hat, wer die meisten Plättchen seiner Farbe einsammeln konnte.

Hinweis zu Variationen:
Das Material an sich hat hohen Aufforderungscharakter und lädt zur Exploration ein. Mit den Plättchen, Stäben und Dosen lässt sich leicht eine Situation zum *parallelen* Spiel gestalten; wenn man die Spielfläche eingrenzt und nur eine Dose zur Verfügung stellt, ist dagegen bereits *Teilen und Kooperation* gefragt!

Förderziele:

- Teilen (Spielfläche, Plättchen; „Passt-nicht-Dose“)
- Vergleichen und Menge bestimmen (mehr – weniger – gleich)
- Wetteifer: Andere beachten

Aufgepasst und Zugefasst!

Material:

- 2 „Sand Grabber“ (Greifarme), s. hierzu Kap. 7
- 2 Standpunkte
- 1 Eimer
- 10 oder mehr verschiedene Gegenstände, die sich in mindestens einem Merkmal unterscheiden

Spielbeschreibung:

Beide Spieler stehen auf ihren Standpunkten vor dem Spielfeld (Bodenfläche); zwischen ihnen steht ein Eimer. Auf dem Boden liegen verstreut unterschiedliche Gegenstände. Diese gilt es mit einem Greifarm (hier Strandspielzeug) aufzulesen und in den Eimer zu räumen. Abwechselnd benennen die Spieler einen Gegenstand, den der Andere dann holen muss. Achtung: Je ähnlicher die Gegenstände, desto genauer muss man beschreiben bzw. zuhören! So ist das Spiel deutlich leichter, wenn jeweils nur ein Ball, ein Auto, ein Löffel auf dem Spielfeld liegen, als wenn man zwischen einem großen und einem kleinen roten Ball unterscheiden muss und zudem noch ein blauer Ball dort liegt.

Hinweis zu Variationen:

Dasselbe Spiel kann man auch ganz ohne Sprache spielen, indem sich die Mitspieler zum Beispiel gestische Hinweise geben oder Bilder zur Kommunikation einsetzen.

Wenn das *Abwechseln* schwer fällt, kann man zunächst nur einen Greifer einsetzen, den immer der Mitspieler bekommt, der als nächstes zuhören und etwas aufsammeln muss.

Als *parallele* Aktivität lässt sich das Spiel gestalten, indem einfach alle wild durcheinander rennen und in ihren eigenen Eimer aufsammeln, was sie können.

Förderziele:

- Kontaktaufnahme / soziale Initiative (verbal oder nonverbal)
- Soziale Reaktion / einen Auftrag ausführen
- Abwechseln

Je nach Spielvariante:

- Verbale Ausdrucksfähigkeit
- Zuhören, was andere sagen
- Sprachverständnis
- Einsatz von Gesten
- Beachten und Verstehen von gestischen Hinweisen

Torsturm

Material:

- 1 rechteckiges Tablett, auf dem an jedem kurzen Ende ein Korb als „Tor“ befestigt ist
- 1 kleiner, sehr leichter Ball (z. B. Pompom)
- 2 Blasebälge
- Zählwerk zum Festhalten des Spielstandes

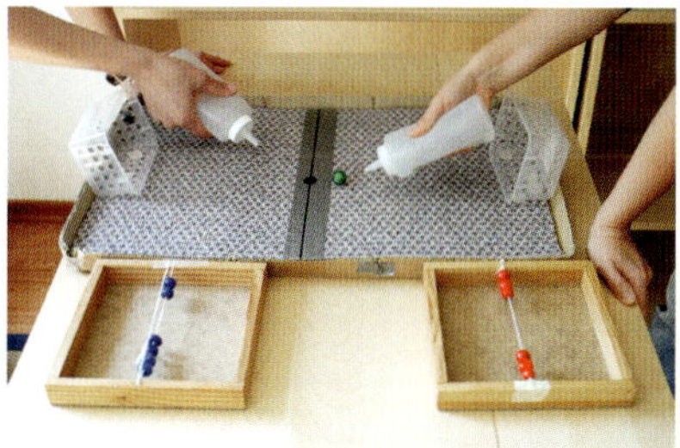

Spielbeschreibung:

Zu Beginn des Spiels wird der Ball auf die Mittellinie gelegt. Auf ein Startsignal hin versuchen beide Spieler, mit ihrem Blasebalg den Ball ins gegnerische Tor zu bewegen. Der Ball darf dabei nicht berührt werden!
Gewonnen hat, wer zuerst die vorab vereinbarte Anzahl an Toren geschossen hat.

Hinweis zu Variationen:

Anstatt Torschüsse zu zählen, wird vorab eine bestimmte Spielzeit festgelegt und durch einen Timer begrenzt (z. B. 60 Sekunden). Nach dem Startsignal versuchen beide Spieler, durch Pusten mit dem Blasebalg den Ball in die gegnerische Spielfeldhälfte zu bewegen. Ist die Zeit abgelaufen, hat der Spieler gewonnen, dem es gelungen ist, den Ball im gegnerischen Feld zu halten.
Ebenso kann man diese Variante mit mehreren Bällen spielen. Gewinner ist dann der Spieler, der die meisten Bälle ins gegnerische Feld spielen konnte.

Förderziele:

- Teilen (Spielfläche, Ball)
- Wetteifer: Andere beachten

Imitationskiste

Material:

- 1 Kiste mit Deckel
- Sets von identischen Materialien aus ganz unterschiedlichen funktionalen Zusammenhängen, die zum Explorieren und Kombinieren einladen

Spielbeschreibung:

Die Spielpartner sitzen einander gegenüber; zwischen ihnen befindet sich die Imitationskiste. Sie wird geöffnet und ausgeleert; beide Spieler haben gleichen Zugang zu den Materialien. Die Gegenstände sollten so ausgewählt sein, dass sie zur Exploration anregen und auch einen ungewöhnlichen, kreativen Umgang ermöglichen. Die Spieler werden dazu ermuntert, aufeinander zu achten und die Ideen des Anderen aufzugreifen und selbst auszuprobieren.

Hinweis zur Materialauswahl:

Alltagsgegenstände besitzen oft einen hohen Aufforderungscharakter, da die Spieler auf bekannte Handlungskonzepte zurückgreifen können (z. B. Hut aufsetzen, Dosen öffnen und verschließen). Sensorisch interessante Gegenstände reizen ebenfalls zum aktiven Umgang (z. B. Luftpolsterfolie, Glitzerdrehscheibe). Neue Ideen, die zur Nachahmung anregen, entstehen dagegen am ehesten, wenn Materialien aus völlig unterschiedlichen Zusammenhängen aufeinander treffen und sich doch irgendwie kombinieren lassen (z. B. eine Dose, die genau in einen Pappzylinder passt, oder ein Magnet, der an einem Löffel haftet).

Förderziele:

- Soziale Aufmerksamkeit; Beobachten anderer Personen
- Soziale Reaktion / Imitation

Was kostet die Welt?

Material:

- 1 Sack mit Gegenständen, die jeweils mit einem Preisschild versehen sind
- 2 Würfel mit Abbildungen von Münzen
- Für jeden Mitspieler einen Einkaufskorb

Spielbeschreibung:
Der erste Mitspieler zieht einen Gegenstand aus dem Sack. Dann wirft er die Würfel; diese zeigen an, wie viel Geld er zur Verfügung hat. Diesen Geldbetrag vergleicht er nun mit dem Preis auf der „Ware". Jetzt muss er entscheiden, ob er mit dem erwürfelten Betrag den Gegenstand kaufen kann. Reicht das Geld aus, legt er die Ware in seinen Einkaufskorb. Ansonsten muss sie in die Kiste für Dinge, die zu teuer sind. Ist der Spielzug abgeschlossen, kommt der Nächste an die Reihe. Gewonnen hat, wer am Ende die meisten Teile in seinem Einkaufskorb hat.

Hinweis zu Variationen:
Während bei zwei Würfeln das Rechnen mit Geldbeträgen erforderlich ist, kann man natürlich auch erst einmal nur einen Würfel einsetzen, so dass es nur um den Wert einzelner Münzen geht.
Bei einer schwierigeren Variante kann man Zusatzpunkte sammeln, indem man den Betrag richtig bestimmt, der als Wechselgeld herausgegeben werden müsste bzw. der noch fehlt, um die Ware bezahlen zu können.

Förderziele:

- Abwechseln
- Lebenspraxis: Preise an Waren ablesen; Rechnen mit Geld

Paare bündeln

Material:

- 4 aufstellbare Kartenhalter
- mind. 16 Bildpaare
- mind. 8 Doppelklammern (Draht oder Stab mit Klammern) an beiden Enden
- Fertigkiste

Spielbeschreibung:

Beim Paare-Bündeln gibt es immer zwei zusammengehörige Karten, die auf alle Mitspieler so aufgeteilt werden, dass die Paare getrennt sind. Ein Spieler eröffnet, indem er eine seiner Karten an der Doppelklammer befestigt und in die Runde fragt, wer das Gegenstück hat. Wir stellen die Spielbretter mit den Karten auf, damit man sich nicht einfach beim Anderen bedienen kann, sondern sprechen (oder sich anderweitig aktiv mitteilen) muss, um an die Karte zu kommen. Paare werden in der Fertig-Kiste abgelegt.

Einfacher ist das Spiel, wenn die Teilnehmer der Reihe nach eine Frage stellen dürfen. Mehr Aufmerksamkeit und Flexibilität erfordert es, wenn derjenige, der das passende Stück beitragen konnte, als nächstes an der Reihe ist.

Hinweis zu Variationen:

Paare lassen sich aus allem bilden, was sich zuordnen lässt: Farben, Formen, Zahlen, Groß- und Kleinbuchstaben, Rechenaufgaben und Ergebnisse, Gegenstände einer Oberkategorie, Namen und Fotos von Personen, ...

Es können sowohl die gleichen Abbildungen (wie beim Memory) verwendet werden, wie auch als schwierigere Version zusammengehörige Abbildungen (z. B. Zahnbürste + Zahnpasta).

Förderziele:

- Kontaktaufnahme (verbal und/oder nonverbal)
- Formulierung einer Frage
- Zuhören, was andere sagen
- Hinschauen, was andere tun (wenn ohne den Einsatz von Sprache gespielt wird)
- Abwechseln

Code-Puzzle

Material:

- 1 Wimmelbild, in viele gleich große Rechtecke zerschnitten; Teile auf der Rückseite mit unterschiedlichen Zahlen gekennzeichnet
- 1 Unterlage mit einer Schablone für die Puzzleteile; jedes Rechteck ist mit einem Buchstaben gekennzeichnet
- 4 unterschiedliche „Code-Karten": Lösungsschlüssel in Form einer Legende, auf der je ein Viertel der Zahlen den Buchstaben zugeordnet sind.

Spielbeschreibung:

Die Puzzlestücke (Bildausschnitte) sollen auf der Unterlage zu einem Gesamtbild zusammengesetzt werden. Dazu ziehen die Spieler nacheinander je ein Puzzleteil und müssen herausfinden, wo dieses abgelegt werden soll. Jeder Mitspieler hat nur einen Teil des gesamten Lösungsschlüssels. Wenn man ein Puzzleteil vom Stapel zieht und den Ort anhand seiner eigenen Code-Karte nicht selbst entschlüsseln kann, muss man durch Fragen an die Mitspieler herausfinden, wo das Teil hingehört.

Wenn am Ende ein lustiges Poster entsteht, kann man das Bild gemeinsam anschauen und über witzige Szenen und Figuren sprechen.

Hinweis zum Material:

Als Wimmelbilder bieten sich Szenen aus den Wo-ist-Walter?-Büchern an. Wichtig ist, dass man nicht anhand des Bildinhalts erkennen kann, wo ein Bildausschnitt platziert werden muss.

Um das Ergebnis zu erhalten und zu verhindern, dass die abgelegten Teile verrutschen, kann man ablösbare Klebepunkte auf der Unterlage anbringen, so dass sich die Bildteile fixieren lassen.

Förderziele:

- Kontaktaufnahme (verbal)
- Formulierung einer Frage / Information einholen
- Zuhören, was andere sagen
- Abwechseln

Reporter-Spiel

Material:

- 10 Umschläge, mit Zahlen oder Symbolen gekennzeichnet
- Pro Umschlag: 3 Karten (A, B und C) mit je einer Frage
- Pro Umschlag: 1 Karte mit Satzanfängen als Antworthilfe
- 1 Lostrommel mit den Zahlen/Symbolen der Umschläge

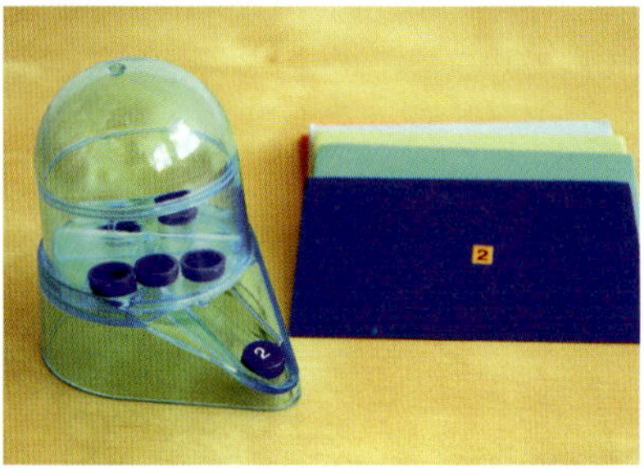

Spielbeschreibung:

Das Reporter-Spiel ist eine Form von Kennenlernspiel. Abwechselnd übernehmen die Spieler die Rollen des „Quizmasters“ (oder „Reporters“) bzw. die des „Kandidaten“. Über eine Variation von Los oder Glücksrad erspielt der Kandidat die Nummer des Umschlags, aus dem ihm eine Frage gestellt wird. Der Quizmaster öffnet den Umschlag und fragt: „Möchtest du Frage A, B oder C?“ Sobald der Kandidat die Frage gewählt hat, erhält er eine Karte mit Satzanfängen, die ihm bei der Beantwortung der Fragen helfen können. Dann wird ihm die Frage vorgelesen (in der Regel handelt es sich um Fragen zur Person, deren Interessen, Vorlieben und Abneigungen etc.).

Hinweis zu Variationen:

Sowohl die Fragen lassen sich individuell anpassen, als auch die Satzanfänge. So bekommt ein Teilnehmer offener formulierte Satzanfänge (z. B. „Ich mag gern ...“; „Am liebsten...“), während ein anderer eine geringere Auswahl und inhaltlich gezielt abgestimmte Antworthilfen erhält (z. B. „In den Ferien will ich ...“; „Mein Lieblingsspiel ist ...“).

Förderziele:

- Erfragen von Informationen zur Person / Kennenlernen
- Zuhören, was andere sagen – und Antworten formulieren
- Abwechseln

Reporterspiel: Beispiel für Karten mit Fragen (Inhalt eines Umschlages)

A Welches Schulfach magst du am meisten?	**B** Was machst du gern in der Freizeit?	**C** Was ist dein Lieblingsessen?

Reporterspiel: Beispiel für Satzanfänge als Antworthilfen (zwei verschiedene Schwierigkeitsgrade)

- Mir gefällt ...
- Am liebsten ...
- Ich mag ...
- Am besten ...
- Meistens ...

- Mein Lieblingsfach ist ...
- Am liebsten esse ich ...
- Wenn ich frei habe,

Themensack

Material:

- 1 Säckchen mit Gegenständen, die ein Gesprächsthema bezeichnen (z. B. Dinosaurier, Getränkedose, Schlüssel, Handy, ...)
- 1 Drehständer mit 10 bunten Metallglocken
- 10 bunte Magnetkugeln

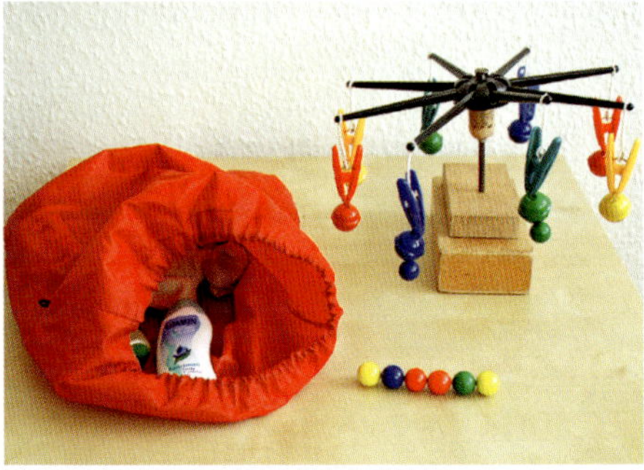

Spielbeschreibung:

In unserem Themensack befinden sich ganz unterschiedliche Gegenstände, die zum Thema eines Gesprächs werden können. Ein Mitspieler zieht ein Objekt aus dem Sack und muss sich mindestens einen Satz dazu überlegen. Für jeden themenbezogenen Gesprächsbeitrag gibt es eine magnetische Kugel, die an den Metallglocken des Drehgestells befestigt werden dürfen. Die Runde ist beendet, wenn alle Kugeln verbraucht sind. Die Beiträge sollen sich direkt auf das Thema beziehen oder an das anknüpfen, was der Vorredner gesagt hat.

Hinweis zu Variationen:

Das Drehgestell und die Magnetkugeln dienen lediglich der Motivation und der zeitlichen Strukturierung (→ Wann ist ein Thema beendet?). Die Kinder in unserer Gruppe haben so gern das Gestell gedreht und die Kugeln an den farblich passenden Glocken befestigt, dass sie sich dafür auch am Gespräch beteiligt haben.

Förderziele:

- Zuhören, was andere sagen
- Sich auf ein vorgegebenes Thema einlassen und dabei bleiben
- Sich in einem Gesprächsbeitrag auf den Vorredner beziehen

Wer fragt, gewinnt!

Material:

- Pro Mitspieler: 1 Plan, auf dem alle Anwesenden verzeichnet sind (mit Name und/oder Foto)
- Eine Wäscheklammer oder ein verschiebbarer Pfeil zur Markierung auf dem Plan
- Plättchen mit Fragezeichen
- „Fertig-Kästchen

Spielbeschreibung:

Zu Beginn der Erzählrunde erhält jeder einen Plan, auf dem alle Gruppenmitglieder aufgeführt sind. Durch einen verschiebbaren Pfeil kann jeder auf seinem Spielplan markieren, wer gerade erzählt. Liegt unter dem Namen/Foto ein Fragezeichen, muss man besonders gut aufpassen. Denn dann hat man die Aufgabe, dem Erzähler eine Frage zu dem stellen, was er gesagt hat. Ist das geschehen, darf das Fragezeichen in den „Fertig-Becher“. Am Ende der Erzählrunde gewinnen all diejenigen, die ihre Fragezeichen losgeworden sind.

Hinweis zu Variationen:

Den Anforderungsgrad kann man verändern, indem man jedem Mitspieler ein individuelles „Pensum“ an Fragen gibt. Vielleicht ist es für einen Spieler auch schon ausreichend, erst einmal nur mit zu verfolgen, wer gerade spricht.

Förderziele:

- In der Gruppe erkennen: Wer ist der Erzähler/Sprecher?
- Zuhören, was andere sagen
- Themen aufgreifen und passende Fragen formulieren

Werde Millionär!

Material:

- Karten mit Multiple-Choice Fragen zu sozialen Situationen
- Karten mit markierter Lösung
- Joker Tafel
- 4 Armbänder (oder Schlüsselbänder)
- kleine und große Gewinne (z. B. Kaugummi und Flummi)

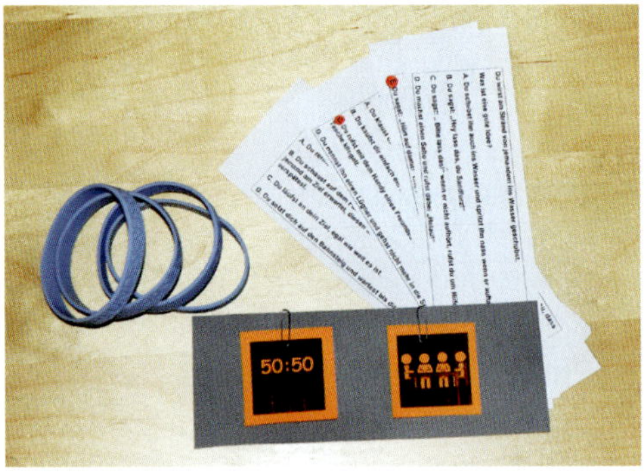

Spielbeschreibung:
Angelehnt an die bekannte Fernsehshow „Wer wird Millionär“©RTL, ist die Aufgabe, aus vier Antwortmöglichkeiten die richtige zu wählen. Einer der Gruppe ist der Kandidat, einer der Showmaster, und die Übrigen stellen das Publikum dar. Der Showmaster stellt nun dem Kandidaten die Fragen nacheinander. Er hat die Karten mit markierter Lösung vorliegen. Es stehen zwei Joker zur Verfügung. Wird der 50:50 Joker gezogen, werden zwei falsche Antworten gestrichen, beim Publikumsjoker nennen die Zuschauer die ihrer Meinung nach richtige Antwort. Verbrauchte Joker werden umgedreht. Für jede mit oder ohne Joker richtig beantwortete Frage bekommt der Kandidat ein Arm- oder Schlüsselbändchen. Nach vier Fragen können zwei Bändchen gegen den kleinen, und vier Bändchen gegen den großen Gewinn eingetauscht werden. Anschließend werden die Rollen getauscht, so dass jeder Teilnehmer im Laufe des Spiels einmal Showmaster, Kandidat und Publikum war.

Je nach Alter und Lebenswelt der Teilnehmer werden individuell Fragen erstellt und Preise ausgewählt. Die auf der folgenden Seite abgedruckten Beispiele wurden mit Gruppenteilnehmern gemeinsam entwickelt.

Förderziele:

- Mit schwierigen sozialen Situationen auseinandersetzen
- Ideen für Verhaltensstrategien kennen lernen
- Nach Hilfe fragen
- Sich austauschen (Publikum)

Vier Ideen für Fragekarten:

Du wirst am Strand von jemandem ins Wasser geschubst.

Was ist eine gute Idee?

A. Du schubst ihn auch ins Wasser und spritzt ihn nass wenn er auftaucht.
B. Du sagst: „Hey lass das, du Sandfurz!“
C. Du sagst: „ Bitte lass das!“ Wenn er nicht aufhört, rufst du um Hilfe.
D. Du machst einen Salto und rufst dabei „Helau!“

Du stehst am Bahnhof und hast den Zug verpasst.

Was ist eine gute Idee?

A. Du rennst auf den Schienen dem Zug hinterher.
B. Du schaust auf dem Fahrplan nach einem späteren Zug. Dann rufst du, falls dich jemand am Ziel erwartet, diesen Menschen an, um ihm zu sagen, dass du dich verspätest.
C. Du läufst an dein Ziel, egal wie weit es ist.
D. Du setzt dich auf den Bahnsteig und wartest bis dir jemand hilft.

Du siehst große Kinder und die schubsen deinen Freund.

Was ist eine gute Idee?

A. Du ignorierst sie.
B. Du sagst: „ Ihr Arschlöcher, ihr traut euch ja nichts!“ und beißt ihnen ins Bein.
C. Du schlägst sofort auf sie ein.
D. Du sagst: „Hört auf damit!“, und zur Not verteidigst du deinen Freund.

Ein Schüler klaut dir dein Handy und gibt es dann nicht zu. Du weißt aber genau, dass es stimmt.

Was ist eine gute Idee?

A. Du klaust dem Anderen auch sein Handy.
B. Du kaufst dir einfach ein neues Handy.
C. Du rufst mit dem Handy eines Freundes dein Handy an und hörst ob es in seiner Tasche klingelt.
D. Du nennst ihn einen Lügner und gehst nicht mehr in die Schule.

Beispiele „Werde Millionär“

Rettet die 100!

Material:

- 100 Spielchips
- 10 Fragen mit jew. 3 Antwortmöglichkeiten
- 3 separate Ablagen
- 1 Kiste für verspielte Chips
- Strukturierungshilfe, die die verbleibenden Spielrunden anzeigt

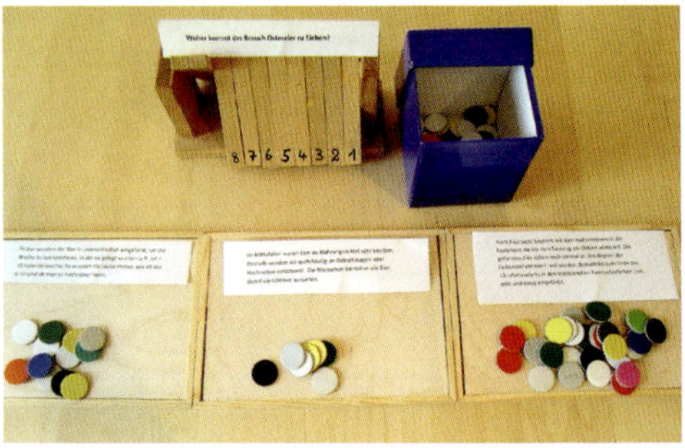

Spielbeschreibung:

Angelehnt an die aktuelle Spielshow „Rette die Millionen"©zdf ist die Aufgabe, als Team Chips auf Antworten zu Fragen zu setzen. Alle Gruppenteilnehmer spielen zusammen in einem Team. Es werden 10 Runden gespielt. Pro Runde wird eine Frage bearbeitet. Es werden jeweils drei Antworten vorgegeben, von denen nur eine richtig ist. In jeder Runde muss von der Gruppe die gesamte Anzahl der Chips gesetzt werden. Die Chips können auf mehrere Antworten verteilt werden. Alle Chips, die auf falsche Antworten gesetzt wurden, werden aus dem Spiel genommen und in eine Kiste getan. Ziel ist es, nach 10 Runden noch mindestens einen Chip übrig zu haben.

Um zu gewährleisten, dass sich die Teilnehmer untereinander austauschen, gibt es jede Runde einen wechselnden Setzmeister. Nur dieser darf die Chips anfassen und nach Absprache mit seinen Mitspielern auf die Ablagen mit den Antworten verteilen. Es empfiehlt sich, Fragen einzubauen, deren Antwort die Teilnehmer nicht kennen können (z. B. Schätzfragen). Solche Fragen verleiten dazu, sich strategisch zu verhalten und regen Diskussionen unter den Teilnehmern an.

Förderziele:

- Kontaktaufnahme (verbal und/oder nonverbal)
- Kooperieren im Team
- Strategie entwickeln und abstimmen
- Zuhören, was andere sagen

Tauschbörse

Material:

- Pro Teilnehmer eine mit einem Snack gefüllte Butterbrottüte
- Tauschregeln für alle Teilnehmer
- Sanduhr

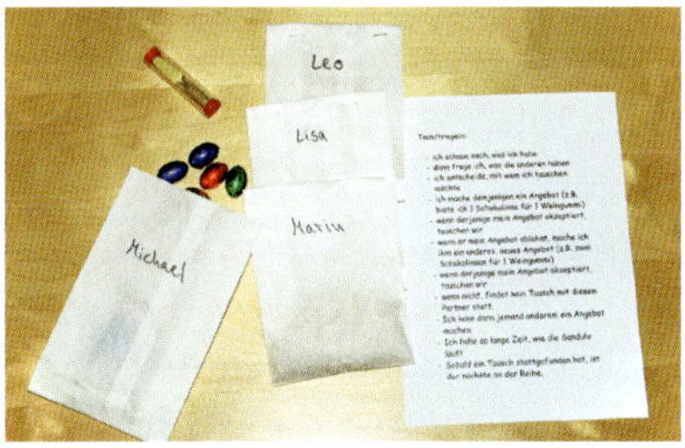

Spielbeschreibung:
Dieses Spiel spielen wir in der Pause. Jeder Teilnehmer bekommt vom Gruppenleiter eine verschlossene Butterbrottüte zugeteilt. Jede Tüte ist mit einem anderen Snack gefüllt und mit Namen beschriftet. Reihum öffnen die Teilnehmer ihre Tüten und schauen was drin ist. Es bietet sich an, niemandem seinen Lieblingssnack zuzuteilen, damit die Motivation zum Tauschen garantiert ist. Jetzt wird nach den untenstehenden Regeln getauscht!
Tauschregeln:

- Ich schaue nach, was ich habe.
- Dann frage ich, was die anderen haben.
- Ich entscheide, mit wem ich tauschen möchte.
- Ich mache demjenigen ein Angebot (z. B. biete ich 1 Schokolinse für 1 Weingummi).
- Wenn derjenige mein Angebot akzeptiert, tauschen wir.
- Wenn er mein Angebot ablehnt, mache ich ihm ein anderes, neues Angebot (z. B. zwei Schokolinsen für 1 Weingummi).
- Wenn derjenige mein Angebot akzeptiert, tauschen wir.
- Wenn nicht, findet kein Tausch mit diesem Partner statt.
- Ich kann dann jemand anderem ein Angebot machen.
- Ich habe so lange Zeit, wie die Sanduhr läuft.
- Sobald ein Tausch stattgefunden hat, ist der nächste an der Reihe.

Hinweis zu Variationen:
Das Prinzip lässt sich auch auf den Austausch von Spielutensilien übertragen (z. B. Baumaterial einer Eisenbahn).
Um das Repertoire an nonverbalen Kommunikationsstrategien zu erweitern, lassen sich die Tauschregeln auch für eine stumme Spielvariante umformulieren:

- Ich nehme ein Stück von meinem Material in die offene Hand und zeige es den anderen.

- Ich schaue was sie haben.
- Ich mache, in dem ich mein Gebot in die Hand nehme, einen Vorschlag und zeige mit den Fingern an, wie viel ich dafür erwarte.
- Etc.

Förderziele:

- Zuhören, was andere sagen
- Verhandeln
- Kontaktaufnahme (verbal und/oder nonverbal)
- Hinschauen, was andere tun (wenn ohne den Einsatz von Sprache gespielt wird)
- Abwechseln

In geheimer Mission

Material:
- Auftragskarten
- Stift
- Evtl. Umhänge-beutel

Beispiel:
Finde heraus, was Marins Lieblingseis ist. ✓
Finde heraus, ob Lisa gerne schwimmen geht. ✓
Stelle Leo beim Erzählthema eine Rückfrage. ✓

Anfassen zur Kontaktaufnahme ist tabu!

Spielbeschreibung:
Alle Teilnehmer bekommen zu Beginn des Gruppentermins eine individuelle Auftragskarte und einen Stift ausgehändigt. Es gilt diese heimlich zu lesen, und die Aufträge im Laufe des Treffens zu erfüllen. Die Karten dienen als Erinnerungshilfe und werden von den Teilnehmern in der Hosentasche oder einem Umhängebeutel außer Sichtweite der Mitspieler aufbewahrt. Erledigte Aufträge können von den Teilnehmern abgehakt werden.

Hinweis zur Durchführung:
Wir haben bei dieser Aktivität die soziale Aufmerksamkeit im Fokus und wollen, dass die Teilnehmer besonders darauf achten, wann ein geeigneter Zeitpunkt zur Ansprache ist. Daher ist Anfassen als Strategie Aufmerksamkeit zu erlangen tabu. Es geht nicht darum Anfassen generell zu verbieten. Es geht darum, das Repertoire zu erweitern und den Blick für günstige Gelegenheiten zur Ansprache zu schärfen.

Förderziele:
- Passende Zeitpunkte für eine Ansprache erkennen (Soziale Aufmerksamkeit)
- Verbale Kontaktaufnahme
- Formulierung einer Frage
- Zuhören, was andere sagen

Gesprächsverlauf

Material:

- –

Spielbeschreibung:
Im Raum wird eine Strecke abgesteckt. Alle Mitspieler befinden sich an der Startlinie. Ziel ist es, von einer Ecke des Raumes in die andere zu kommen. Dabei unterhalten sich die Mitspieler. Es darf immer derjenige einen Schritt vorwärts gehen, der das Gespräch „am Laufen“ hält.
Für das Weiterkommen reicht es nicht aus, nur eine Frage zu beantworten. Da ist ein eigener Beitrag gefragt!

Hinweis zu Variationen:
Ein Gespräch mit erst einmal einem Partner ist deutlich einfacher als mit mehreren Gesprächsteilnehmern!

Förderziele:

- Zuhören, was andere sagen
- Themen aufgreifen und passende Gesprächsbeiträge formulieren

4.2 Wir spielen Kaufladen – Ideen zur Strukturierung von Rollenspielen

Durch den gezielten Einsatz von Strukturierungshilfen kann man einem Kind mit ASS helfen, sich in ein gemeinsames Rollenspiel mit anderen Kindern einzufügen. Einige Strukturierungsideen wollen wir am Beispiel eines Kaufladenspiels aufzeigen.

Rollenverteilung

Zunächst ist es wichtig, die Rollen zu verteilen und zu klären, mit welcher Rolle welche Aufgabe im Spielverlauf verbunden ist. Es kommt in Kindergruppen nicht selten vor, dass alle dieselbe Rolle bevorzugen (z. B. der Kassierer zu sein).
Zur Lösung dieses Problems haben wir eine Hilfe entwickelt, die einerseits die Rollen in der aktuellen Spielrunde verdeutlicht, die andererseits allen Kindern das Versprechen gibt, auch einmal Kassierer sein zu dürfen: Jedes Kind bekommt vor Beginn des Spiels drei Rollenkarten mit gleichem farbigem Hintergrund ausgehändigt – Ein Kind bekommt rote Karten, eines gelbe und eines grüne. In jeder Spielrunde gibt es drei Rollen zu besetzen. Indem die Rollenkarten auf dem Rollenplan befestigt werden, entscheidet sich jedes Kind für seine Rolle. Nach jeder Spielrunde wandern die Karten vom Rollenplan in einen „Fertig-Umschlag". Somit ist gewährleistet, dass jedes Kind jede Rolle einmal übernehmen kann.

Rollentafel

„Mein Platz"

Damit jedes Kind seinen Platz findet und auch beibehält, kann es hilfreich sein, diesen zu markieren. So kann man an entsprechender Stelle einen Stuhl hinstellen (z. B. für den Kassierer oder den Verkäufer). Der Einkäufer bewegt sich jedoch durch den Laden – vom Verkäufer zum Kassierer. Eine feste Markierung ist also keine Option. Wir haben zur räumlichen Orientierung nummerierte Standpunkte ausgelegt und einen Pfeil auf dem Verkaufstresen angebracht.

Diese markieren die Reihenfolge der Spielschritte: Erst (hier) einkaufen – Dann (dort) bezahlen!

Spielsetting

Geregelter Zugang zum Material

Der Einkäufer muss sich an die Regel halten die Waren beim Verkäufer zu bestellen, sonst ist dieser „arbeitslos“ und eine wertvolle Situation zur Förderung von Interaktion und Kommunikation würde dem Spiel fehlen. Um diese Regel zu verdeutlichen, haben wir eine Linie vor die Waren geklebt, über die nicht hinweg gegriffen werden darf. Damit wird deutlich, dass der Einkäufer sich nicht selbst bedienen darf, sondern nach der Ware fragen muss.

Spielsetting, nah

Einkaufsliste

Falls dem Einkäufer nicht einfällt, was er kaufen könnte, hilft eine Einkaufsliste, die ihm die Entscheidung abnimmt. Bestellhilfen in Form von Formulierungsvorschlägen oder alternative Kommunikationshilfen (z. B. Abbildungen der Waren) können zudem über Sprachbarrieren hinweghelfen.

Bestellhilfe

Diese Beispiele stammen aus einer integrativen Spielgruppe. Die vorgestellten Strukturierungshilfen haben in dieser Gruppe dem Kind mit ASS geholfen, sich seiner Rolle gemäß zu verhalten und sich damit in ein Rollenspiel mit neurotypischen Kindern einzufügen.

4.3 Wer spielt mit mir? – Strategien zum Partner finden

Sowohl innerhalb fester Gruppen im therapeutischen Setting, als auch bei der Anbahnung von gemeinsamen Aktivitäten im Rahmen von Kindergarten, Schule, Wohnheim oder innerhalb der Familie stellt es eine Herausforderung dar einen Spielpartner zu finden. Hier einige Ideen aus unserer Praxis dazu:

Spielausweise

In einer unserer integrativen Spielgruppen im Kindergarten ist es die Aufgabe des Kindes, sich für die Spielgruppe Mitspieler zu suchen. Das heißt, das Kind mit ASS fragt andere Kinder, ob sie mit ihm spielen wollen. Wer mitspielen will, bekommt

einen Spielausweis umgehängt. Die Anzahl der Ausweise gibt an, wie viele Kinder zur Spielgruppe eingeladen werden dürfen.
Auch für feste Gruppen innerhalb eines Kindergartens lässt sich dieses Format nutzen. In diesem Fall gehören die Ausweise bestimmten Kindern, die anhand des Ausweises darauf hingewiesen werden, dass jetzt Zeit für die Spielgruppe ist.

Im Laufe eines Spieletreffs oder einer SOKO-Gruppe kommt es hin und wieder vor, dass die Teilnehmer Partner für ein Spiel oder eine gemeinsame Aktivität brauchen. Aber wer spielt, arbeitet oder kooperiert mit wem?
Um Teams zusammenzustellen eignen sich unterschiedliche Losverfahren. Ein Beispiel hierfür sind „Die Teamworker" des Verlags Kleine Wege (siehe 7.1. Spiele). Hierbei werden Holzpuzzleteile gezogen oder verteilt, von denen jeweils zwei zusammenpassen. Diejenigen mit den passenden Teilen bilden dann ein Team.
Spaß macht es auch, wenn nach diesem Prinzip ein Goofy-, Dagobert- oder Mickeyteam entsteht. Jedes Kind zieht ein Teil aus dem Krabbelsack und sucht sich dann das Kind, welches das passende Gegenstück gezogen hat. Denkbar sind auch doppelt vorhandene Zahlen, geometrische Formen oder Farbkarten. In diesem Fall gilt es den Teilnehmer zu finden, der das Gleiche gezogen hat.

Weitere kreative Ideen zu Losverfahren – gerade auch zum Thema „Wer darf beginnen?" – finden sich bei Bernard-Opitz & Häußler (2010).

Krabbelsack

5. Hilfen zur Gesprächsführung

In Gruppen, deren Teilnehmer in der Lage sind sich über Sprache mitzuteilen, spielt das Gespräch natürlich eine große Rolle. Regeln werden besprochen, Situationen analysiert, Kompromisse gesucht. Auch das Erzählen von sich selbst ist ein zentraler Bestandteil sozialer Interaktionen in unserer Kultur.
Nun fällt es vielen unserer Klienten nicht leicht, sich sprachlich auszudrücken. Oft fehlt es ihnen an passenden Formulierungen, aber auch grundlegendes Wissen über Gesprächsregeln und sozial angemessene Themen ist oft nur in Ansätzen vorhanden. Daher bieten wir häufig spezielle Hilfen zur Gesprächsführung an.

5.1 Sich gegenseitig kennen lernen – die Vorstellung

Wenn eine Gruppe zum ersten Mal zusammen kommt oder neue Mitglieder aufgenommen werden, gilt es sich gegenseitig kennen zu lernen. Fremde Menschen, die sich begegnen, stellen sich einander vor. Nur, was kann man über sich selbst sagen? Und wenn jemand nicht, ungern oder nur wenig spricht, wie kann er dennoch etwas über sich aussagen?

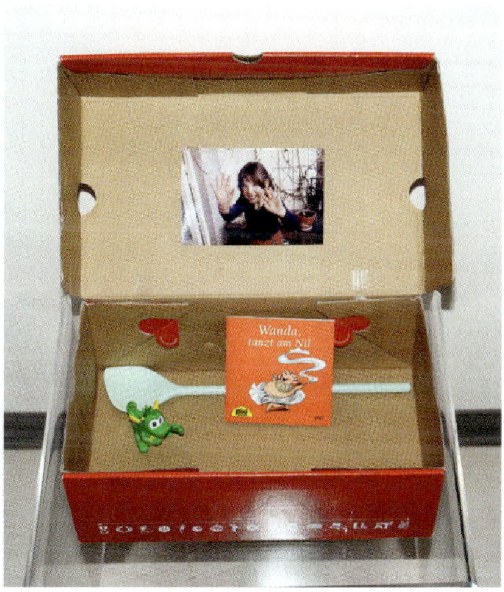

Das bin ich-Kiste

Zwei Formate zur Gestaltung dieser Situation, die sich in unseren Gruppen bewährt haben, möchten wir hier vorstellen: Dies sind die „Das bin ich-Kiste“ und ein schriftlicher Leitfaden zur Vorstellung der eigenen Person. Beide Formate geben einerseits den Gruppenmitgliedern die Möglichkeit, etwas übereinander zu erfahren; andererseits liefern sie zudem den Gruppenleitern wertvolle Hinweise zur Gestaltung zukünftiger Aktivitäten.

„Das bin ich“-Kiste

Die Teilnehmer (oder deren Eltern) bekommen vor dem ersten Termin den Auftrag, eine Kiste (z.B. einen Schuhkarton) mitzubringen, der mit drei Gegenständen und einem Foto des Teilnehmers bestückt ist. Die Gegenstände sollen etwas über die individuellen Vorlieben und Interessen aussagen (z.B. Ball, Kreisel und Knete oder auch Buch, MP3-Player und Star Wars Figur). Während des Termins werden dann Stationen aufgebaut. An jeder Station steht eine geöffnete Kiste zusammen mit dem Foto des entsprechenden Gruppenmitglieds. Alle Teilnehmer können sich nun von Station zu Station bewegen und sich auf diese Weise über einander informieren, Gemeinsamkeiten entdecken und Unterschiede feststellen.

„Hallo, das bin ich!" – ein schriftlicher Vorstellungsbogen

In Gruppen mit Teilnehmern, die flüssig lesen und schreiben können, setzen wir ein Arbeitsblatt ein, mit dem man sich auf die Vorstellung der eigenen Person in der Gruppe vorbereiten kann. Dieser Vorstellungsbogen entstand in Anlehnung an die Idee von Peter Vermeulen in seinem Buch „Ich bin was Besonderes" (Ver-

Hallo, das bin ich!

Ich heiße ______________________________, und bin ______ Jahre alt.

Mein(e) Lieblings-...

... Fernsehprogramm ist ....

... Essen ist ....

... Land ist ....

... Buch ist ....

... Musik ist ....

... Sport ist ....

Meine Hobbies sind ....

Ich bin in der SOKO, weil ....

....

Vorstellung

meulen 2002). Jeder in der Gruppe – auch die Gruppenleiter – bekommt ein solches Arbeitsblatt ausgehändigt. Dann füllen alle Beteiligten die Bögen aus, um sie sich anschließend vorzulesen oder gegenseitig zu lesen zu geben. Der Bogen ist bewusst so formuliert, dass die Teilnehmer ihn von oben nach unten ablesen und auf diese Weise grammatikalisch richtig von sich selbst berichten können.

5.2 Erzählthemen

Eine Aktivität, der unsere Klienten im Alltag häufig begegnen, sind Erzählrunden. Ob das Erzählen zum Morgenkreis im Kindergarten oder in der Schule gehört oder ob die Nachfrage beim gemeinsamen Abendessen in der Familie gestellt wird – die Anforderung ist hierbei immer, spontan ein passendes Thema zu finden, und über dieses dann in einem angemessenen Umfang zu berichten.
Erzählrunden können schnell zum unbeliebtesten Element in Gruppensituationen werden, wenn die Teilnehmer mit allgemein gehaltenen Aufträgen, wie: „Erzählt mal, was ihr in den letzten zwei Wochen erlebt habt!", überfordert werden.
Ist dann einmal eine Erzähl-Strategie gefunden, wird auf diese häufig stereotyp zurückgegriffen. So erzählte eine Klientin auf die Frage, was sie seit dem letzten SOKO Termin erlebt habe, immer von dem wöchentlichen Ausflug mit ihrer Betreuerin. Diese Antwort hatte ihr einmal jemand nahe gelegt und wurde seitdem von ihr regelhaft angewendet.

Wir erleben immer wieder, wie schwer es Menschen mit ASS fällt, ein Thema zu finden und das Erlebte in Worte zu fassen. Genau aus diesem Grund ist das Üben dieser Situation ein gutes und wichtiges Element für eine SOKO-Gruppe. Aufgrund der hohen Anforderung in dieser Situation haben wir verschiedene Strukturierungshilfen zur Themenfindung entwickelt.

Liste zur Themenauswahl

In einer Gruppe verwenden wir eine Auswahlliste, die mögliche Erzählthemen enthält (Abb. Themenauswahl). Wenn ein Teilnehmer Schwierigkeiten hat, von einer gewohnten Erzähl-Strategie abzuweichen oder überhaupt ein Thema zu finden, kann ihm die „Themenauswahl" helfen. Auf dieser Liste sind Oberbegriffe aufgeführt, aus denen die Person ein Thema wählen kann. Den jeweiligen Themen sind zur weiteren Unterstützung Leitfragen zugeordnet.

Themenauswahl für die Erzählrunde

SCHULE/ARBEIT

- Gab es einen besonderen Vorfall? Positiv oder negativ?
- Was ist passiert?
- Wer war beteiligt?
- Was hat es für ein Gefühl gemacht (Freude, Stolz, Angst, Wut ...)?

FEST

- Was wurde gefeiert?
- Wo wurde gefeiert?
- Wie viele Gäste?
- Was gab es zu essen?
- Hat es Spaß gemacht?

TRAUM

- Ein schöner oder ein böser Traum?
- Was ist passiert? Erzähle kurz die Geschichte:
- Wer kam in dem Traum vor?
- Wo hat der Traum gespielt?
- Was hast Du im Traum erlebt?

REISE/AUSFLUG

- Wann?
- Wohin?
- Mit wem?
- Wie? (Auto, Bus, Zug ...)
- Was hast Du dort gemacht/erlebt? (1–2 Beispiele)

Themenauswahl

„Themenkiste“

In einer anderen Gruppe schreiben die Teilnehmer die Themen auf Zettel, die sie interessieren und zu denen sie sich vorstellen können, etwas zu erzählen. Diese werden dann in der „Themenkiste“ gesammelt (Abb. Themenkiste). Aus der Sammlung in dieser Kiste ziehen wir bei jedem Treffen ein Thema. Derjenige, der das Thema ursprünglich aufgeschrieben hat, wird nun der Erzähler. Daran anknüpfend können, sofern sie etwas zum gezogenen Thema zu sagen haben, auch die weiteren Gruppenteilnehmer ihren Gesprächsbeitrag leisten.

Dem jeweiligen Erzähler können unterstützend Leitfragen als Hilfe zur Verfügung gestellt werden. Die Erzählrunde ist von da ab thematisch nicht mehr von den Gruppenleitern bestimmt. Hinzu kommt, dass die konkret benannten Themen nicht zwingend voraussetzen, von Erlebnissen zu erzählen. Es ist auch möglich einen sachlichen Beitrag, basierend auf Fakten, zu leisten.

Themenkiste

Leitfaden zur Themenfindung

Bei freier Themenwahl kann es hilfreich sein, den Gruppenteilnehmern Zeit zu geben, sich auf das Erzählen vorzubereiten und sich selbst einen Leitfaden zu erstellen. Auch hierfür lassen sich Hilfen gestalten:

Mein Erzählthema	
Über was ich erzählen will oder was passiert ist:	
Wann war das?	
Wo war das?	
Wer war dabei?	
War es schön oder doof, langweilig oder aufregend ...?	
Warum?	

Themenauswahl

Themenkarten

Um die freie Themenwahl zu erleichtern, verteilen wir in einer weiteren Gruppe Themenkarten auf dem Tisch. Dies kann auch bei zwanglosen Zusammentreffen, wie beispielsweise einer Weihnachtsfeier, eine Hilfe sein, um Unterhaltungen anzuregen.

5.3 Interview und Leitfaden zum Berichten

Es ist üblich, dass sich Menschen, die sich kennen aber einen längeren Zeitraum nicht gesehen haben, über die inzwischen vergangene Zeit austauschen. Einerseits ist es, wie gesagt, für Menschen mit ASS oft schwierig, über Erlebtes zu berichten. Im Umkehrschluss fällt es vielen aber auch schwer, Andere nach deren Erlebnissen zu fragen. Wie also können wir mit betroffenen Menschen solche Situationen üben, damit sie lernen, wie ein gegenseitiger Austausch inhaltlich gestaltet sein kann?

In unseren Gruppen nutzen wir jeweils die ersten Termine nach den Ferien als Anlass, eben diesen Austausch anzuregen. Dazu nutzen wir ein Interview-Format (Abb. Interview). Jeweils zwei Gruppenmitglieder interviewen sich gegenseitig. Das Format gibt Fragen vor und bietet durch Satzanfänge und Lückentexte Hilfen zum Formulieren einer Antwort. Da beide Interviewpartner den Interviewbogen vor sich liegen haben, hat sowohl der Fragende, als auch der Befragte einen Leitfaden, der ihm hilft, seiner Rolle gerecht zu werden.

Nach der Interview-Sequenz findet sich die Gruppe wieder zusammen und alle erzählen, was sie über den von ihnen Befragten erfahren haben. Mit schriftlicher Vorlage ist es jedoch für viele Menschen mit ASS nicht möglich, sich sprachlich von dem Geschriebenen zu lösen. Sie berichten, indem sie vorlesen. Dadurch sprechen sie von „ich“ wenn sie ihren Gesprächspartner meinen. Um das Loslösen vom geschriebenen Text zu erleichtern und zu üben, haben wir eine Erzählhilfe entwickelt (Abb. Interview Erzählhilfe). Diese bietet Formulierungshilfen, die ihnen nahe legt, von ihrem Gesprächspartner in der 3. Person zu berichten.

Als Beispiel finden sich im Folgenden das Interview und der dazugehörige Leitfaden zum Berichten nach den Weihnachtsferien.

Interview

(man darf mehrere Antworten geben und sich auch eigene ausdenken!)

Wie waren deine Ferien?

- super, weil ....
- langweilig, weil ....
- gut, aber ....
- schlecht, weil ....

Hast du dich auf die Gruppe gefreut?

Ja, weil ....

Nein, weil ....

Was war dein bestes Weihnachtsgeschenk?

....

Gab es auch ein blödes Geschenk? Wenn ja, welches?

....

Was wünschst du dir für dieses Jahr in der Gruppe?

- Ich will mehr mit .... machen.
  (wähle ein Kind oder mehrere Kinder aus der Gruppe)
- Ich möchte häufiger kochen, und zwar am liebsten: ....
- Ich will mal wieder .... spielen.
- Ich will mehr über .... erfahren.
  (wähle eine Person oder ein Thema)
- Ich will ....

Interview

Name

⇩

__________ Ferien waren __________

__________ hat sich __________

__________ hat zu Weihnachten __________

__________ möchte __________

__________ wünscht sich __________

Interview Erzählhilfe

Als Variation haben wir für eine Gruppe mit Schulanfängern, die noch nicht flüssig lesen und schreiben können, eine vereinfachte Form mit bildlichen Darstellungen als Leitfaden entwickelt (Abb. Interview kurz). Im oberen Teil kann nonverbal, über das Verorten auf einer Skala, geantwortet werden. Des Weiteren werden zwei Extreme erfragt und die Antwort wiederum durch Satzanfänge erleichtert.

Wie waren die Ferien?

Meine Ferien waren:

 .... | .... 

 Am besten war ....

 Am blödesten war ....

Interview kurz

6. Reflektieren und Verstehen sozialer Situationen

6.1 Was nun – denken, sagen und tun?

Es fällt unseren Teilnehmern in der Regel schwer, sich in andere Menschen hineinzuversetzen und sich vorzustellen, was bestimmte Handlungen oder Wörter bei ihnen auslösen. Während wir Social Stories© (s. S. 106 ff) einsetzen, um wichtige (soziale) Informationen zu vermitteln, greifen wir auf Elemente der Comic Strip Conversations© (Gray, 1994) zurück, um erlebte Situationen zu reflektieren und zu analysieren. Hierbei begleiten wir das Gespräch durch kleine Zeichnungen, die den berichteten Vorgang festhalten. Durch die Verwendung von Denk- und Sprechblasen können wir sowohl das darstellen, was gesagt wurde, als auch das visualisieren, was jemand womöglich gedacht hat. Mit Hilfe von unterschiedlicher Farbgebung lässt sich zudem der emotionale Gehalt kennzeichnen (z. B. werden freundliche Äußerungen in grün geschrieben und wütende in rot). Näheres zu der Methode findet sich bei Gray (1994).

Angelehnt an die Idee der Comic Strip Conversation© haben wir ein Format entwickelt, mit dem wir sowohl schwierige soziale Situationen reflektieren, als auch neue Strategien zu deren Bewältigung entwerfen. Hierbei greifen wir entweder eine Situation auf, in der wir den Teilnehmer innerhalb der Gruppe als ratlos oder unkonstruktiv erlebt haben, oder eine, die uns von Bezugspersonen aus dem Alltag des Teilnehmers berichtet wurde. Bei der Aufarbeitung geht es zunächst einmal darum Informationen darüber zu erhalten, wie die Situation aus Perspektive des Teilnehmers erlebt wird und was seine aktuellen Ideen zu Handlungsstrategie sind. Darauf aufbauend werden gemeinsam neue Ideen zum Umgang mit der Situation erarbeitet.

Die Übung verläuft folgendermaßen:

(1) Auf einem Arbeitsblatt erhält jeder Teilnehmer die Kurzbeschreibung einer Situation, die er häufiger erlebt und die für ihn problematisch ist. Die Vorlage enthält Denk- und Sprechblasen sowie ein Feld für den Handlungsvorschlag. Diese Vorlage wird vom Teilnehmer selbst ausgefüllt. Das heißt, er benennt, was er in dieser Situation denkt und ist angehalten zu überlegen, was er sagen und tun könnte. Bei Bedarf wird er bei der Bearbeitung des Arbeitsblatts von einem Gruppenleiter unterstützt.

(2) Nach der Bearbeitung werden die Blätter ausgetauscht. Nun widmet sich ein anderes Gruppenmitglied dieser Situation. Auf der Basis dessen, was der erste Teilnehmer als seinen Gedanken angegeben hat, wird vom zweiten Bearbeiter eine alternative Strategie vorgeschlagen. Der Auftrag ist nun, auf der verbalen und der Handlungsebene jeweils eine gute und eine schlechte Idee aufzuschreiben. Sich schlechte Ideen auszudenken, macht in der Regel

großen Spaß und dient daher als Motivationshilfe. Um den Unterschied und dementsprechend die Zuordnung sehr deutlich zu machen, werden die Idee auf entsprechend farblich kodierte Vorlagen eingetragen (grün = gute Idee, rot = schlechte Idee).

(3) Zum Abschluss der Übung setzen sich beide Bearbeiter mit einem Gruppenleiter zusammen und werten die jeweiligen Ideen aus. Daraus resultiert in der Regel ein Auftrag an den Betroffenen, eine von allen Beteiligten als gut erachtete Idee in der „echten Welt“ auszuprobieren.

Anhand des folgenden Beispiels wollen wir den Vorgang einmal verdeutlichen. Im Anschluss sind die Arbeitsblätter als Kopiervorlage angefügt.

Situation: *Peter wird in der Schule von seinen Mitschülern häufig „Petra“ genannt. Dies ärgert ihn sehr, doch ihm fehlt eine Strategie, die seine Mitschüler von dieser Hänselei abhält.*

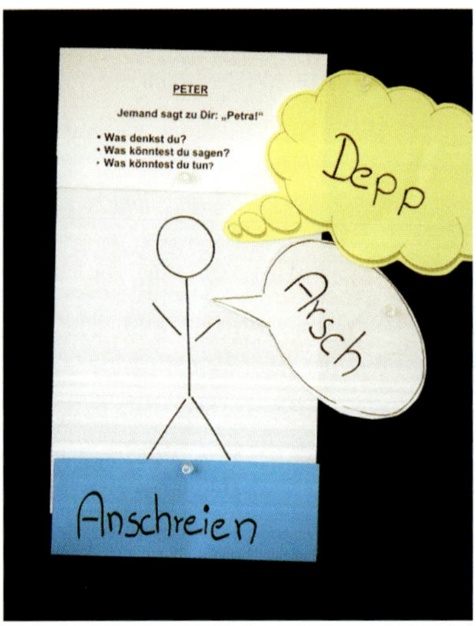

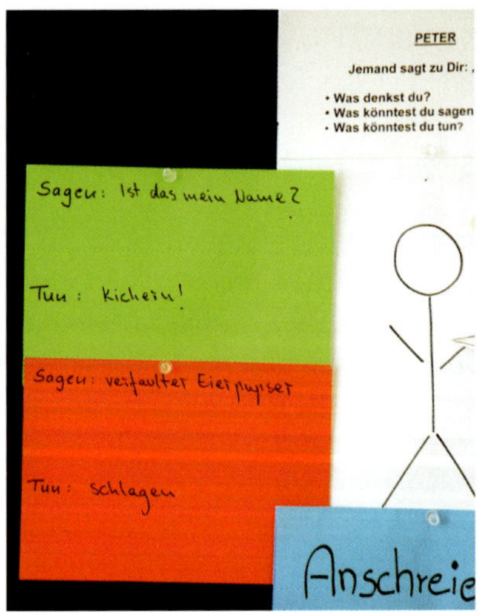

Situation:

Ich könnte tun:

Denken, sagen, tun – männlich

Situation:

Ich denke:

Ich könnte sagen:

Ich könnte tun:

Denken, sagen, tun – weiblich

6.2 Was ist da wohl los?

Die Elemente „Sprechblase“ und „Denkblase“ nutzen wir auch beim Gespräch über Bilder von sozialen Situationen. So haben wir mehrere leere Sprech- und Denkblasen ausgeschnitten, laminiert und mit ablösbarem Posterkleber auf einer Unterlage befestigt. Wenn wir eine Szene betrachten und uns darüber unterhalten, was die Beteiligten wohl sagen oder denken könnten, nehmen wir eine entsprechende Blase von der Unterlage ab und kleben sie in das Bild. Mit einem abwischbaren Folienschreiber tragen wir die möglichen Gedanken oder verbalen Äußerungen ein. Durch die Verwendung mehrerer Blasen kann auf diese Weise ein Dialog schrittweise aufgebaut und die hinter den Äußerungen liegenden Motive verdeutlicht werden.

Denk-/Sprechblasen auf Bildern

6.3 Körpervokabeln

Die Frage danach, welchen Eindruck (m)ein körperlicher Ausdruck macht, stellt für viele Menschen aus dem Autismus Spektrum eine große Herausforderung dar. Die durch den Ausdruck vermittelten „Botschaften“ werden oft nicht erkannt und das Verhalten dementsprechend auch nicht angepasst. So kann es passieren, dass jemand weiter ausschweifend über sein Lieblingsthema berichtet, obwohl der Gesprächspartner längst deutliche Signale von „Langeweile“ gegeben hat. Andersherum werden aber auch Menschen mit einer Beeinträchtigung aus dem Autismus Spektrum häufig missverstanden, wenn sie nonverbale Signale nur sehr begrenzt einsetzen oder ihr Ausdruck nicht das widerspiegelt, was sie empfinden.

Für Personen mit ASS kann es eine gute Strategie sein, über die Wahl ihrer Worte genau auszudrücken, wie es ihnen gerade geht. So haben sie eine größere

Chance ihre Botschaft „rüberzubringen", auch wenn ihre Körpersprache nicht eindeutig ist.
In der Alltagskommunikation ist es jedoch so, dass 93% dessen, was wir kommunizieren wollen, nicht über das mitgeteilt wird, was wir sagen. Vielmehr entnehmen wir die Botschaft im Allgemeinen der Art, *wie* etwas gesagt wird. Genauer gesagt werden über die Köpersprache 55% der Botschaft übermittelt und 38% der emotionalen Bedeutung wird über den Tonfall transportiert (Mehrabian, 1968). So fällt es schwer, einer Person zu glauben, dass sie sich für etwas interessiert, wenn sie monoton spricht und dabei eine schlaffe, gelangweilte Körperhaltung einnimmt.

Dies ist der Hintergrund, warum wir in der SOKO Erwachsenengruppe mit mehreren Teilnehmern „Körpervokabelbücher" erstellt haben. Diese haben wir als Grundlage für verschiedenste Übungen genutzt. Für einige unserer Teilnehmer wurden diese auch zu einem Nachschlagewerk.
Wir haben zunächst einige Körperhaltungen gezielt nachgestellt und darüber gesprochen, was jeweils damit ausgedrückt wird und warum. Wir haben sowohl geübt, selbst gezielt die Körperhaltung einzunehmen, die zu der Botschaft passt, die man senden möchte. Zum anderen haben wir das Material auch genutzt, um nonverbale Signale von Anderen zu erkennen und einzuordnen.

In diesem Kapitel findet sich ein Beispiel für ein solches „Körpervokabelbuch", das direkt als Material eingesetzt werden kann. Weil der Übertrag von einer anderen Person auf die eigene für manche Klienten schwierig ist, hat es sich jedoch oft bewährt, eigene Fotos im Körpervokabelheft einzusetzen. Am Ende des Kapitels finden sich daher alle Vokabeln nochmals als Kopiervorlage, die mit eigenen Fotos ergänzt werden können.
Für unser Beispiel haben wir bewusst Bilder eines Erwachsenen gewählt, da unserer Erfahrung nach für den Kinderbereich insgesamt eine breitere Bildervariation zum Thema Gefühle und Ausdruck zur Verfügung steht als für den Erwachsenenbereich (s. hierzu auch Kap. 7).

In unser Körpervokabelbuch haben wir zehn zentrale Botschaften (Vokabeln) aufgenommen, die sich natürlich noch ergänzen oder anpassen lassen. Für jede Vokabel gibt es ein Bild, zu dem eine detaillierte Beschreibung, welche Körperhaltung zur Vermittlung der entsprechenden „Aussage" eingesetzt werden kann. Hierbei haben wir Körperhaltungen im Stehen und im Sitzen berücksichtigt. Vorab geben wir einige allgemeine Hinweise in Bezug auf den Einsatz und die Signalwirkung von Blickrichtung und -kontakt, sowie der Haltung der Arme und des Oberkörpers.

Folgende „Botschaften" finden sich als „Körpervokabeln" in unserem Buch:
- „Ich mag nicht" (stehend & sitzend)
- „Ich warte erstmal ab ..."

- „Ich habe keine Ahnung“
- „Ich bin offen und bereit“
- „Ich höre zu“
- „Ich bin interessiert“ (stehend & sitzend)
- „Ich bin gelangweilt“ (stehend & sitzend)
- „Ich bin nervös“
- „Ich bin niedergeschlagen“
- „Ich bin völlig fertig“

Nicht immer ist es nötig, die fertige Vokabel zu präsentieren. Es kann sinnvoll sein, gemeinsam mit den betreffenden Personen die Details für einen Ausdruck zu erarbeiten. Daher findet sich in den Kopiervorlagen auch ein noch leeres Arbeitsblatt, mit dessen Hilfe eine Körpervokabel erstellt werden kann.

Leitfragen für das Erarbeiten eines Ausdrucks können sein:

- Was machen die Arme?
- Was machen die Hände?
- Was machen die Beine?
- Welche Haltung hat der Oberkörper?
- Welche Haltung hat der Kopf?
- Wohin geht der Blick, was oder wen schaust du an?

Bei diesem Vorgehen hat sich der Einsatz von Videos bewährt. Es kann sehr hilfreich sein, eine Situation zu betrachten, in der man selbst – oder jemand anderes – die entsprechende „Botschaft“ über den körperlichen Ausdruck sendet. Über Standbild lassen sich dann sehr schön einzelne Elemente einer „Botschaft“ herausarbeiten.

„Lass mich in Ruhe!“

(stehend)

- vom Gesprächspartner abgewandt stehen (ihm den Rücken oder die Seite zeigen)
- einen Arm nach schräg hinten ausgestreckt
- Hand in Schulterhöhe erhoben
- Handfläche zeigt zum Gesprächspartner
- Finger leicht gespreizt
- Blick zum Gesprächspartner

„Ich mag nicht!“

(sitzend)

- Füße auf dem Boden
- Oberkörper leicht zurückgebeugt
- beide Hände abwehrend erhoben
  (in Höhe der Brust bzw. Schulter)
- Finger leicht gespreizt
- Kopf leicht nach rechts und links bewegen
- Blick zum Gesprächspartner

„Ich warte mal ab, was so kommt!“

(stehend)

- Arme verschränkt
- Gewicht auf ein Bein verlagert
(ggf. den anderen Fuß leicht nach vorn setzen)
- Blick zum Geschehen

„Keine Ahnung!“

(stehend)

- beide Schultern hochgezogen
- Oberarme am Körper anliegend
- Unterarme seitlich etwas nach vorn ausgestreckt
- beide Hände offen in Höhe der Brust; Handflächen zeigen nach oben oder nach vorn
- Finger leicht gespreizt
- Kopf leicht schräg gelegt
- Blick zum Gesprächspartner

„Ich bin offen und bereit!“

- Arme locker neben dem Körper (ggf. einen Daumen in den Hosenbund haken)
- Gewicht auf ein Bein verlagert, dabei den anderen Fuß leicht nach vorn stellen
- Blick zum Geschehen

„Ich höre aufmerksam zu“

(in einer Unterhaltung)

- locker aber gerade stehen
- Oberarme seitlich am Körper
- Hände vor dem Bauchnabel zusammen; Finger locker ineinander verschränkt oder Hände ineinander gelegt
- Blickkontakt mit dem Gesprächspartner

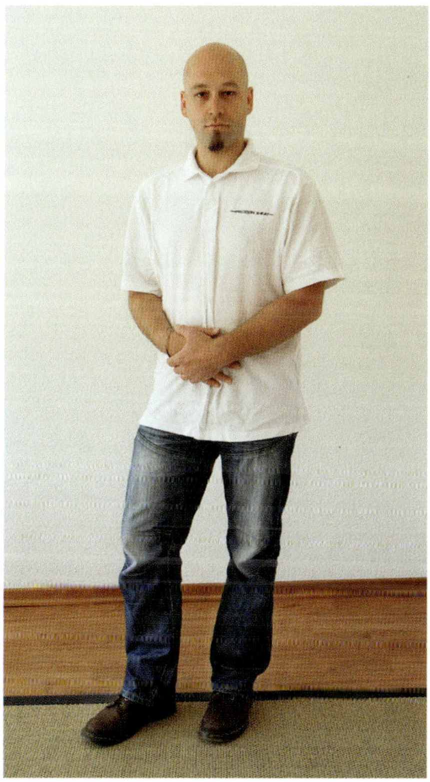

„Das interessiert mich!“

(stehend)

- Leicht vorgebeugt
  (sich zu dem hinwenden, was einen interessiert)
- Oberarme seitlich am Körper („offen“)
- Blick auf die interessante Person
  oder den interessanten Gegenstand richten bzw. den
  interessanten Vorgang beobachten

„Ich bin interessiert und aufmerksam!“

(sitzend)

- Knie übereinander geschlagen
- Oberkörper leicht vorgebeugt: der Person zugewandt, die gerade spricht
- Finger ineinander verschränkt und Hände locker neben oder auf dem oberen Knie
- Blickkontakt mit der Person, die gerade spricht

„Ich bin gelangweilt!“

(stehend)

- lässig stehen
- Kopf etwas zur Seite geneigt (ggf. gähnen)
- Arme verschränkt **oder**
- mit den Händen etwas tun und sich mit etwas beschäftigen, was nichts mit der gemeinsamen Aktion zu tun hat (z. B. Fingernägel reinigen)
- **kein** Blickkontakt mit der Person, mit der man gerade spricht: z. B. auf den Boden oder in ein Buch schauen; auf das blicken, was man mit den Händen macht

„Ich langweile mich!“

(sitzend)

- Beine von sich gestreckt
- Oberkörper zurückgelehnt
- Arme verschränkt **oder**
- mit den Händen etwas tun und sich mit etwas beschäftigen, was nichts mit der gemeinsamen Aktion zu tun hat (z. B. Fingernägel reinigen)
- **kein** Blickkontakt mit der Person, mit der man gerade spricht: z. B. auf den Boden oder in ein Buch schauen; auf das blicken, was man mit den Händen macht

„Ich bin nervös!“

- Knie übereinander geschlagen
- Oberkörper vorgebeugt, Schultern nach vorn: „in sich zusammengerollt“
- einen Arm vor den Bauch gepresst
- den anderen Arm auf den ersten Arm gestützt; Finger am Mund (z. B. leicht gegen den Mund klopfen)
- Blick in Richtung dessen, von wo man das bevorstehende Ereignis erwartet

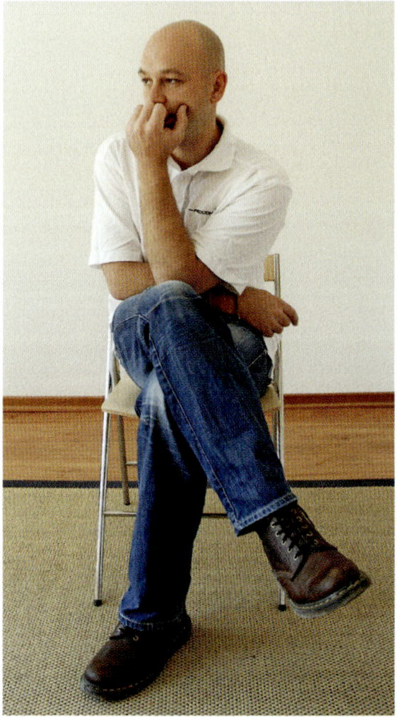

„Ich bin niedergeschlagen!“

- Knie übereinander geschlagen
- Oberkörper vorgebeugt, Schultern nach vorn: „in sich zusammengerollt“
- einen Arm vor den Bauch gepresst
- den anderen Arm auf den ersten Arm gestützt; Hand an die Stirn oder über die Augen
- Kopf gesenkt, in die eine Hand gestützt
- Blick nach unten oder Augen zu

„Ich bin völlig fertig!"

- Beine nebeneinander auf dem Boden
- Oberkörper stark vorgebeugt, Schultern nach vorn: „ganz in sich zusammengerollt"
- Ellenbogen beider Arme auf den Oberschenkeln aufgestützt
- Kopf gesenkt, in beide Hände gestützt
- Blick nach unten oder Augen zu

Kopiervorlagen

Grundlegende Vokabeln	
Blickrichtung	Wohin wir blicken, zeigt, wofür wir uns interessieren.
Blickkontakt	Wenn wir jemandem in die Augen schauen, zeigen wir damit, dass wir uns für ihn (und das, was er sagt) interessieren.
Armhaltung	Wer die Arme verschränkt, ist eher passiv. Es passt eher zum (passiven) Zuhören als zum (aktiven) Reden. Arme verschränken kann auch Ablehnung anzeigen: nichts an sich heran kommen lassen oder selber nichts tun wollen.
Haltung des Oberkörpers	Sich vorbeugen Wer sich einer anderen Person etwas entgegen neigt, zeigt Interesse.
	Sich zurücklehnen Wer sich im Stuhl zurück lehnt, hält sich eher raus. Er ist entspannt; eher abwartend. Beobachtet.

( )

- Armhaltung: ....
- Hände: ....
- Beine: ....
- Oberkörper: ....
- Kopfhaltung: ....
- Blickrichtung: ....

Platz für Foto

„Lass mich in Ruhe!“

(stehend)

- vom Gesprächspartner abgewandt stehen (ihm den Rücken oder die Seite zeigen)
- einen Arm nach schräg hinten ausgestreckt
- Hand in Schulterhöhe erhoben
- Handfläche zeigt zum Gesprächspartner
- Finger leicht gespreizt
- Blick zum Gesprächspartner

Platz für Foto

„Ich mag nicht!"

(sitzend)

- Füße auf dem Boden
- Oberkörper leicht zurückgebeugt
- beide Hände abwehrend erhoben (in Höhe der Brust bzw. Schulter)
- Finger leicht gespreizt
- Kopf leicht nach rechts und links bewegen
- Blick zum Gesprächspartner

Platz für Foto

„Ich warte mal ab, was so kommt!“

(stehend)

- Arme verschränkt
  Gewicht auf ein Bein verlagert
- (ggf. den anderen Fuß leicht nach vorn setzen)
- Blick zum Geschehen

Platz für Foto

„Keine Ahnung!"

(stehend)

- beide Schultern hochgezogen
- Oberarme am Körper anliegend
- Unterarme seitlich etwas nach vorn ausgestreckt
- beide Hände offen in Höhe der Brust; Handflächen zeigen nach oben oder nach vorn
- Finger leicht gespreizt
- Kopf leicht schräg gelegt
- Blick zum Gesprächspartner

Platz für Foto

„Ich bin offen und bereit!“

- Arme locker neben dem Körper (ggf. einen Daumen in den Hosenbund haken)
- Gewicht auf ein Bein verlagert, dabei den anderen Fuß leicht nach vorn stellen
- Blick zum Geschehen

Platz für Foto

„Ich höre aufmerksam zu“

(in einer Unterhaltung)

- locker aber gerade stehen
- Oberarme seitlich am Körper
- Hände vor dem Bauchnabel zusammen; Finger locker ineinander verschränkt oder Hände ineinander gelegt
- Blickkontakt mit dem Gesprächspartner

Platz für Foto

„Das interessiert mich!“

(stehend)

- Leicht vorgebeugt
  (sich zu dem hinwenden, was einen interessiert)
- Oberarme seitlich am Körper („offen“)
- Blick auf die interessante Person
  oder den interessanten Gegenstand richten bzw. den interessanten Vorgang beobachten

Platz für Foto

„Ich bin interessiert und aufmerksam!“

(sitzend)

- Knie übereinander geschlagen
- Oberkörper leicht vorgebeugt: der Person zugewandt, die gerade spricht
- Finger ineinander verschränkt und Hände locker neben oder auf dem oberen Knie
- Blickkontakt mit der Person, die gerade spricht

Platz für Foto

„Ich bin gelangweilt!"

(stehend)

- lässig stehen
- Kopf etwas zur Seite geneigt
  (ggf. gähnen)
- Arme verschränkt **oder**
- mit den Händen etwas tun und sich mit etwas beschäftigen, was nichts mit der gemeinsamen Aktion zu tun hat
  (z. B. Fingernägel reinigen)
- **kein** Blickkontakt mit der Person, mit der man gerade spricht: z. B. auf den Boden oder in ein Buch schauen; auf das blicken, was man mit den Händen macht

Platz für Foto

„Ich langweile mich!"

(sitzend)

- Beine von sich gestreckt
- Oberkörper zurückgelehnt
- Arme verschränkt **oder**
- mit den Händen etwas tun und sich mit etwas beschäftigen, was nichts mit der gemeinsamen Aktion zu tun hat (z. B. Fingernagel reinigen)
- **kein** Blickkontakt mit der Person, mit der man gerade spricht: z. B. auf den Boden oder in ein Buch schauen; auf das blicken, was man mit den Händen macht

Platz für Foto

„Ich bin nervös!“

- Knie übereinander geschlagen
- Oberkörper vorgebeugt, Schultern nach vorn: „in sich zusammengerollt“
- einen Arm vor den Bauch gepresst
- den anderen Arm auf den ersten Arm gestützt; Finger am Mund (z. B. leicht gegen den Mund klopfen)
- Blick in Richtung dessen, von wo man das bevorstehende Ereignis erwartet

Platz für Foto

„Ich bin niedergeschlagen!“

- Knie übereinander geschlagen
- Oberkörper vorgebeugt, Schultern nach vorn:
  „in sich zusammengerollt“
- einen Arm vor den Bauch gepresst
- den anderen Arm auf den ersten Arm gestützt;
  Hand an die Stirn oder über die Augen
- Kopf gesenkt, in die eine Hand gestützt
- Blick nach unten oder Augen zu

Platz für Foto

„Ich bin völlig fertig!“

- Beine nebeneinander auf dem Boden
- Oberkörper stark vorgebeugt, Schultern nach vorn: „ganz in sich zusammengerollt“
- Ellenbogen beider Arme auf den Oberschenkeln aufgestützt
- Kopf gesenkt, in beide Hände gestützt
- Blick nach unten oder Augen zu

Platz für Foto

6.4 Klargestellt! – Der Dolmetscher zur Übersetzung sozialer Signale

Menschen mit ASS haben Schwierigkeiten, soziale Signale zu verstehen. Auch sind sie sich häufig nicht bewusst, wie sie selbst auf andere wirken. Ein Großteil der Konflikte, die zwischen Teilnehmern unserer Gruppen entstehen, beruht auf Missverständnissen. Zum Beispiel möchte ein Teilnehmer einen Witz machen; dieser wird jedoch von einem anderen Gruppenmitglied als Beleidigung aufgefasst. Oder der Versuch, über Klopfen auf den Rücken Aufmerksamkeit zu erlangen, wird als Angriff verstanden.
Mit Hilfe der Körpervokabelbücher versuchen wir, grundlegende Kompetenzen in Bezug auf den eigenen Ausdruck und die Interpretation des Ausdruckes Anderer zu erweitern. In der „Akut-Situation" dagegen können unsere „Klargestellt!" Dolmetscher-Karten hilfreich sein, um die Wirkung des eigenen Verhaltens zu überprüfen beziehungsweise zu reflektieren. Diese Karten sind für den situativen, spontanen Einsatz gedacht (Abb. Dolmetscher-Karten).

In Situationen, in denen wir denken, dass ein Missverständnis vorliegt, machen wir als Gruppenleiter einen Einschnitt und fordern die Beteiligten auf, anhand ihrer Dolmetscher-Karten anzuzeigen, welche Botschaft sie senden wollten, beziehungsweise welche Botschaft bei ihnen angekommen ist. Hierzu kann jeder auf der entsprechenden Seite als Sender bzw. Empfänger mit einer verschiebbaren Klammer markieren, welche Botschaft er gemeint oder verstanden hat. Auf den Karten sind bewusst zwei Felder frei gelassen, um spontan mit Folienstift weitere Optionen eintragen zu können. Auf diese Weise ist es möglich Missverständnisse aufzudecken und gegebenenfalls alternative Interpretationsweisen anzubieten. Zudem üben wir, wie man über Missverständnisse reden kann.
Damit die Dolmetscher-Karten auch jederzeit griffbereit sind, kann man sie wie ein Schlüsselband um den Hals hängen.

Dolmetscher-Karten

6.5 Social Stories©

In den letzten zehn Jahren finden sogenannte „Social Stories©“ immer mehr Anwendung im Rahmen der Förderung sozialer Kompetenzen bei Menschen mit einer Autismus-Spektrum-Störung. Diese Methode ist für Personen ausgelegt, die ein gutes Sprachverständnis besitzen und sich kognitiv mit sozialen Zusammenhängen auseinandersetzen können.

Carol Gray gilt als die „Erfinderin“ der Social Stories©, die als solche nach klaren Regeln erstellt und eingesetzt werden. Auf der website des „Gray Centers for Social Learning and Understanding“ findet sich folgende Definition für Social Stories© (eigene Übersetzung):
„Eine Social Story™ beschreibt eine Situation, eine Fähigkeit oder ein Konzept, indem sie die relevanten sozialen Signale, Perspektiven und üblichen Reaktionen darstellt. Dabei werden ein definierter Stil und ein bestimmtes Format eingehalten. Das Ziel einer Social Story besteht darin, akkurate soziale Informationen in einer geduldigen und Sicherheit gebenden Weise zu vermitteln, so dass sie für die Zielperson leicht zu verstehen ist.“ (Quelle: www.thegraycenter.org)

Social Stories© sind kurze Geschichten. Sie beschreiben die jeweilige Situation, erklären den – ggf. dahinter liegenden – Vorgang und schlagen oft auch Lösungsmöglichkeiten vor. Das Augenmerk liegt auf der Unterstützung zur erfolgreichen Bewältigung einer Situation, die für die Zielperson schwierig ist. Die Methode der Social Stories© beinhaltet sowohl den *Prozess* des Schreibens als auch das *Ergebnis* in Form der Geschichte.

Mittlerweile gibt es einige Studien zur Wirksamkeit von Social Stories©.
Ein aktuelles Review (Karkhaneh, Clark, Ospina, Seida, Smith & Hartling, 2010) kommt zu dem Ergebnis, dass Social Stories© einen guten Effekt bei Kindern mit einem hohen Funktionsniveau haben. Die Langzeitwirkung, die Effektivität der Intervention gegenüber anderen Personen, die Wirkung in weniger stark strukturierter Umgebung sowie die optimale Häufigkeit des Einsatzes seien bisher noch nicht ausreichend untersucht.
Auch Kokina & Lee (2010) haben verfügbare Studien zu Social Stories© ausgewertet. Sie konnten keine durchgängige und grundsätzliche Wirksamkeit feststellen. Allerdings haben sie herausgefunden, welche einzelnen Faktoren dazu beitragen, die Wirksamkeit der Geschichten zu erhöhen. Demnach erzielen Social Stories© dann eine gute Wirkung, wenn folgende Umstände gegeben sind:

a) Die Geschichte zielt darauf ab, ein **klar umrissenes unangemessenes Verhalten** zu reduzieren. Voraussetzung hierfür ist jedoch, dass der Person eine alternative Bewältigungsstrategie zur Verfügung steht und es nur darum geht, diese zu gegebener Zeit auch einzusetzen.

b) Die Geschichte wird im Rahmen von **integrativen** Maßnahmen (Regelkindergärten und Regelschulen) eingesetzt.
c) Die **Kinder** greifen **selbst** auf die Social Stories zurück und nutzen sie aktiv.
d) Die Geschichte wird **direkt vor der entsprechenden Situation** gelesen.
e) Die Geschichte bezieht sich auf **einzelne Verhaltensweisen** im Gegensatz zu komplexen Verhaltensketten.
f) Die Geschichte wird über einen **kurzen Zeitraum** erarbeitet und innerhalb eines kurzen Zeitraums eingesetzt (bis zu zehn Sitzungen).
g) Die Geschichte beruht auf einer **funktionalen Verhaltensanalyse** (d. h. sie trifft wirklich das zugrunde liegende Problem!).
h) Es wird überprüft, ob die Zielperson die Geschichte wirklich **versteht**.
i) Die Zielgruppe sind Grundschüler mit gut entwickelten Fähigkeiten im Bereich Kommunikation und Soziale Kompetenz sowie **niedrig bis mittelgradig ausgeprägten herausfordernden Verhaltensweisen**.

Wir selbst haben keine wissenschaftlichen Untersuchungen zu Social Stories© angestellt, doch erleben wir in unserem Therapie- und Beratungsalltag viele Klienten, die von Social Stories© profitieren. Da derzeit kaum deutschsprachige Literatur zu diesem Thema vorliegt, wollen wir im Folgenden die Grundidee der Methode erläutern und einige Geschichten zur Verdeutlichung anfügen. Für weitere Beispiele und einen ausführlichen Einblick in die Methode verweisen wir ausdrücklich auf die Originalliteratur (Gray, 1994, 1998, 2000) sowie auf Carol Grays website (www.thegraycenter.org). Hier finden sich auch viele Beispielgeschichten.

Das Vorgehen: Schreiben und Einsetzen einer Social Story©

Carol Gray gibt vier grundlegende Schritte an, welche im Prozess der Social Story© beachtet werden sollen:

1. Das Ziel beschreiben

Social Stories© sollen der Person, für die sie geschrieben wird helfen, verwirrende Ereignisse zu verstehen, wenn die Situation zu unübersichtlich ist. Ziel kann auch sein, abstrakte Konzepte zu verdeutlichen oder das Verhalten von Personen zu erklären (was diese denken, fühlen, wissen, glauben).
Innerhalb einer Social Story© geht es immer um eine ganz konkrete Situation und ein spezielles Thema. Nur wenn ich das für meinen Klienten richtige Thema herausfinde, kann eine Social Story© hilfreich und für den Klienten eine Informationsquelle für angemessene Handlungsstrategien sein.

Die äußere Situation kann zwar vermeintlich die Gleiche sein, das dahinter stehende Thema aber für den jeweiligen Klienten ganz unterschiedlich. So mag es für eine Person im Zusammenhang mit „Streit auf dem Schulhof“ darum gehen

Selbstkontrolle zu erlangen (Titel der Geschichte: „Die Wut besiegen"), während ein anderer Klient sich eher damit auseinandersetzt, wie er gut verhandeln kann (Titel: „Kompromisse schließen"). Für einen dritten Klienten wiederum könnte das Thema sein, die eigene Meinung zu vertreten (Titel: „Sagen, was man denkt!"). Diese spezielle Perspektive sollte sich dann bereits im Titel der Geschichte wiederfinden.
Grundsätzlich gilt: Nur wenn ich den Kern des Problems richtig treffe, wird eine Geschichte nützlich sein und hat Aussicht auf Erfolg!

2. Informationen sammeln

Die Bedürfnisse einer Person mit Autismus bestimmen das Thema einer Social Story©; die Perspektive dieser Person bestimmt die Perspektive der Geschichte. Social Stories© werden immer individuell für einzelne Klienten entwickelt. Daher können auch die Beispielgeschichten immer nur als Vorlagen dienen, welche dann angepasst und modifiziert werden müssen.

Voraussetzung für das Erstellen einer individuellen Geschichte ist zum einen ein fundiertes Wissen über Fähigkeiten der Person (Entwicklungsniveau, Lesefähigkeit, spezielle Interessen). Zum anderen benötigt man detaillierte Informationen über die Situation, welche den Ausgangspunkt für eine Geschichte bildet. Zu erkennen, welche Funktion ein gezeigtes Verhalten hat, kann dabei helfen, eine gute und angemessene Verhaltensalternative für den Klienten zu benennen. Es hat sich bewährt, neben konkreten Beobachtungen die Informationssammlung mit dem Klienten gemeinsam in Form eines Lückentextes vorzunehmen, in den er individuelle Aussagen einfügen kann.

Relevante Informationen, die Eingang in die Geschichte finden sollten, können - je nach Klient – die folgenden sein:

- WO? – *Wo* findet etwas statt?
- WER? – *Wer* ist beteiligt?
- WANN? – *Wann* geschieht es?
- WAS? – *Was* passiert?
- WARUM? – *Warum* passiert es?
- WAS TUN? – *Was* kann ich tun?
- ... – zusätzliche wichtige Informationen

Bei der Analyse und Beschreibung der Situation versuchen wir die Information aufzuspüren (und dann in die Geschichte einzubauen), die der Person mit Autismus zum richtigen Verständnis fehlt oder die von ihr missverstanden wird. Hierbei gilt es zu beachten, dass das relevanteste Merkmal für den Klienten etwas sein kann, das für andere Personen ganz offensichtlich und selbstverständlich ist!

3. Den Text erstellen

Geschrieben wird eine Social Story© von Eltern, Lehrern, Therapeuten oder Betreuern jeweils für eine spezifische Problemsituation - eventuell ergänzt durch den Klienten selbst.
Jede Geschichte sollte einen Titel, eine Einleitung, einen Hauptteil und einen Schluss haben und sich dennoch auf die wichtigsten Informationen beschränken. Der Geschichte eine Überschrift zu geben dient dazu, die „Botschaft“ der Geschichte zu verdeutlichen und zu verstärken. Daher sollte bei der Auswahl eines Titels bereits auf eine *positive* Formulierung geachtet werden (z. B. „Hilfe holen“ als Titel anstatt „Nicht mehr schreien“). Ein Titel kann manchmal auch als eine Frage formuliert werden.

Social Stories© werden immer aus der Perspektive des Betreffenden geschrieben („Ich-Formulierung“) ohne jedoch Gefühle oder Motivationen in ihn hinein zu projizieren. Für Jugendliche oder Erwachsene Personen mit ASS kann man die Geschichten auch aus der 3. Person formulieren (wie in einem Zeitungsartikel). Grundsätzlich gilt, die Form der Sprache zu wählen, die auch der Klient mit ASS wählen würde. Dies bedeutet auch, dass Social Stories© immer an die individuellen Fähigkeiten eines Klienten angepasst werden müssen. Dies bezieht sich darauf, Formulierungen zu nutzen, die keine Doppeldeutigkeit oder Ironie beinhalten - die Geschichten sollten wortwörtlich verstanden werden können. Weiterhin sollte der Text die Lesefähigkeit und Aufmerksamkeitsspanne des Klienten berücksichtigen.
Je nach Verständnis kann es sinnvoll sein, die Geschichten mit Bildern oder anderen visuellen Hinweisen zu unterlegen oder sie gar auf Kassette aufzunehmen. Carol Gray berichtet außerdem von guten Erfahrungen mit Videoaufnahmen.

Grundsätzlich gilt, dass der Schwerpunkt der Geschichten auf positiven Formulierungen liegt. Negative Verhaltensweisen werden daher immer aus Sicht einer dritten Person beschrieben („Manchmal sagen Leute etwas, das andere verletzt. Das ist nicht richtig!“). Angemessene Bewältigungsstrategien dagegen können durchaus wieder aus der Ich-Perspektive formuliert werden.

Faustregel: „Fehler machen immer die anderen!“

Gray definiert unterschiedliche Satzarten anhand derer sich Social Stories© auf ihre „Güte“ hin analysieren lassen. In einer Social Story© sollen die einzelnen Arten von Sätzen in einem ganz bestimmten Verhältnis zueinander stehen. Um eine effektive Social Story© zu schreiben, ist das Erkennen und Einsetzen der unterschiedlichen Satzarten der erste Schritt.

Gray unterscheidet innerhalb der Satzarten zwei große Gruppen: Sätze, die der **Beschreibung** dienen, und Sätze, die eine **Instruktion** beinhalten. Die Grundidee

ist, in den Geschichten ein deutliches Übergewicht an beschreibenden Sätzen zu haben. Eine Social Story© soll in erster Linie informativ sein, nicht direktiv (keine „Du-Sollst-Geschichte“!).
Um diese Richtlinie ganz praktisch beachten zu können, hat Gray eine Formel entwickelt, anhand derer sich rechnerisch die Qualität einer Social Story© erfassen lässt.

Die Social Story Formel

BESCHREIBUNG
Beschreibende Sätze, Perspektivsätze, bekräftigende und/oder Kooperative Sätze

――――――――――――――――――――――――――― **≥ 2**

INSTRUKTION
Direktive oder Kontrollsätze

Die jeweiligen Gruppen lassen sich noch in weitere Untergruppen aufteilen (s. hierzu Tabelle „Satzarten“). Die Unterscheidung und Einordnung der einzelnen Sätze hilft dabei, sich einen positiven und unterstützenden Stil anzugewöhnen sowie direktive Sätze schnell zu erkennen.

BESCHREIBUNG		
Beschreibende Sätze	➔ Wahrheitsgemäße, objektive Darstellung von Tatsachen *(! Wortwörtlichkeit berücksichtigen und daher Unsicherheiten mit einbauen: manchmal oft, normalerweise, ... !)*	Ich heiße .... Manchmal klingelt das Telefon, wenn ich zu Hause bin. Im Kaufhaus sind oft viele Menschen.
Perspektivsätze	➔ Hinweise oder Beschreibungen vom inneren Zustand einer Person: Gefühle, Überzeugungen, Wissen/Gedanken, Meinungen, Motivation, körperlicher Zustand.	Meine Mutter weiß, wann man Wäsche waschen muss. Mein Bruder spielt gern mit dem Ball. Viele Leute mögen Kartoffeln.

BESCHREIBUNG		
		Manche Kinder versuchen, ganz schnell fertig zu werden. Manchmal wird es Leuten schlecht, wenn sie zuviel essen.
Bekräftigende Sätze	➔ Hinweise, die die vorhergehende Aussage verstärken, um einen bestimmten Punkt hervorzuheben, auf ein Gesetz oder eine Regel hinzuweisen oder den Leser beruhigen sollen	Viele Leute trinken etwas zum Essen. **Das ist eine gute Idee.** Wenn ein Kind schaukeln möchte, wartet es, bis die Schaukel anhält. **So kann ihm nichts passieren.**
Kooperative Sätze	➔ Sätze, die darauf hinweisen, was andere tun werden, um dem Betreffenden zu helfen.	Mama, Papa und meine Lehrerin werden mir helfen, Radfahren zu lernen. Wenn ich Angst habe, können andere mir helfen, indem sie ……………………………………………….
INSTRUKTION		
Direktive Sätze	➔ Hinweise oder Vorschläge, wie man sich in einer Situation verhalten kann.	Ich will versuchen, auf meinem Platz sitzen zu bleiben. Ich könnte dann die Lehrerin fragen, ob sie mir hilft.
Kontrollsätze	➔ Sätze, die der Betreffende selbst formuliert und die ihm helfen, sich an die Information zu erinnern, sich zu beruhigen oder sein Verhalten zu organisieren.	Warteschlangen und Schnecken sind beide langsam. Manchmal gehen sie voran, manchmal bleiben sie stehen.

Satzarten

Nicht immer müssen alle Sätze fertig formuliert werden. Oft hilft es der Person mit Autismus, wenn sie selbst den nächsten Schritt in der Geschichte herausfinden muss. Teilsätze sind wie ein Lückentext, in dem eine wichtige Information eingesetzt werden soll.

Beispiele: Wenn ich meine Hand hebe, weiß mein Lehrer, dass ....
Wenn die Pause zu Ende ist, ...
Wenn ich nicht mehr zuhören kann, kann ich ....

Teilsätze können auch ein gutes Mittel sein, um die besondere Perspektive einer Person zu integrieren: „Manchmal rede ich ganz leise vor mich hin. Das mache ich, weil ...."

Je näher eine Geschichte an der Perspektive des Betreffenden ist, desto eher wird er diese für sich als hilfreich empfinden und zu Rate ziehen. Daher kann es sinnvoll sein, Vergleiche und Beispiele heranzuziehen, die mit den besonderen Interessen desjenigen zu tun haben. Diese finden sich dann auch als so genannte „Kontrollsätze" in den Geschichten wieder (s. Tabelle „Satzarten").

Nach dem Erstellen einer Social Story© kann auf Grundlage der Formel eine Analyse der Satzarten vorgenommen werden:

Schlange stehen

Die Schüler stehen in der Mensa Schlange.
Viele sind hungrig und wollen etwas essen.
Jeder Schüler wird ein Essen bekommen. Jeder Schüler wartet, bis er an der Reihe ist. Das ist gut so!
Schnecken und Warteschlangen sind beide langsam; manchmal gehen sie voran, manchmal bleiben sie stehen.

Ich will versuchen, in der Warteschlange ruhig zu bleiben.

Analyse anhand der Social Story©-Formel

Beschreibung
Die Schüler stehen in der Mensa Schlange.
(= beschreibender Satz)
Viele sind hungrig und wollen etwas essen.
(=Perspektivsatz)
Jeder Schüler wird ein Essen bekommen.
(= beschreibender Satz)
Jeder Schüler wartet, bis er an der Reihe ist.
(= beschreibender Satz)
Das ist gut so! (= bekräftigender Satz)

} *5*

Instruktion
Schnecken und Warteschlangen sind beide langsam;
manchmal gehen sie voran, manchmal bleiben sie stehen.
(= Kontrollsatz)
Ich will versuchen, in der Warteschlange ruhig zu bleiben.
(= direktiver Satz)

} *2*

5/2 = 2,5

Social Story Satzanalyse

Gray (2002) hat eine Checkliste erarbeitet, anhand derer man überprüfen kann, ob alle wichtigen Aspekte beim Schreiben einer Social Story© beachtet wurden:

- ☐ Hat die Geschichte einen Titel, eine Einleitung, einen Hauptteil und einen Schluss?
- ☐ Ist die richtige Perspektive gewählt?
- ☐ Ist die Geschichte in einer positiven Sprache geschrieben? Sind negative Informationen aus der Perspektive einer dritten Person geschrieben?
- ☐ Beachtet und erfüllt die Geschichte die Social Story© Formel?
- ☐ Ist die Geschichte wörtlich zu verstehen?
- ☐ Sind alternative Vokabeln für Worte benutzt, die eine Person mit Autismus ängstigen oder nervös machen könnten?
- ☐ Ist die Schwierigkeit des Textes und der Bilder an die Fähigkeiten der Person angepasst?
- ☐ Wurden die Interessen der Person im Format, Inhalt, Illustrationen und Anwendung der Geschichte berücksichtigt?

4. Die Geschichte einführen

Nach dem Erstellen werden Social Stories© zur Vorbereitung auf herausfordernde Situationen gelesen. Sie dienen also als Methode für das „Vorher", während beispielsweise die Methode der Comic-Strip Conversation© (Gray, 1994) der Nachbereitung einer Situation dient. Oftmals kann aus der Analyse einer Situation mittels Comic Strip Conversation© eine Social Story© entstehen.

Im Umgang mit Social Stories© ist ein regelmäßiges Wiederholen wichtig. So kann es eine nützliche Routine sein, immer vor der herausfordernden Situation die dazugehörige Geschichte zu lesen (z. B. Geschichte „Sylvesterknaller aushalten" regelmäßig vor dem 31.12. lesen). Hilfreich kann es auch sein, sie an dem betreffenden Ort aufzuhängen, an dem die schwierige Situation häufig entsteht (z. B. Geschichte mit dem Titel „Automaten bedienen" hängt in der Cafeteria). Damit bekommt der Betreffende die Möglichkeit, sich auf die bevorstehende Situation vorzubereiten und sich an hilfreiche Strategien zu erinnern.

Die „Wirkung" einer Social Story© sollte immer beobachtet und der Umgang des Betreffenden mit der Situation dokumentiert werden. So erhält man Daten über die Wirksamkeit der Methode sowie Hinweise darauf, welche Form der Geschichten die für den Betreffenden angemessene ist.

Vielen Klienten sind die Geschichten wichtig, auch wenn einzelne Themen vielleicht gar nicht mehr aktuell sind. So haben wir Klienten, die ihre „alten" Geschichten in einem Ordner sammeln und diese auch immer mal wieder lesen.

Silvesterknaller aushalten

Wenige Tage nach Weihnachten feiern die Menschen noch ein Fest.
Das Fest heißt Silvester. Ein neues Jahr fängt an in dieser Nacht.
Die Menschen begrüßen das Jahr gerne mit Knallern und Raketen.

Das dürfen sie und es gehört zu diesem Fest.

Manchmal knallt es sehr laut. Dann erschrecke ich vor den lauten Knallern und habe Angst. In der Wohnung kann mir aber nichts passieren. Wenn ich trotzdem Angst habe kann ich mich bei meiner Oma auf den Schoß setzen. Das ist eine gute Idee! Sie wird mir helfen, keine Angst mehr zu haben.

Wenn wir zusammen hinter dem Fenster stehen und in den Himmel schauen, finde ich die bunten, glitzernden Raketen vielleicht auch schön.

Sachen anfassen lassen

Manchmal wollen mir meine Lehrer oder meine Mitschüler etwas erklären. Dann ziehen sie oft das Heft oder das Buch zu sich heran, um hineinzuschauen oder auf etwas zu zeigen.

Manche Kinder mögen es nicht, wenn andere deren Sachen anfassen. Andere Menschen machen das, weil sie es sonst nicht richtig sehen können. Sie wollen einem nichts wegnehmen. Meistens haben sie nur vergessen, dass man nicht möchte, dass sie die Sachen anfassen.

Manchmal braucht man die Hilfe von den Lehrern oder Mitschülern, sonst kommt man mit seinen Aufgaben nicht weiter. Das ist ok!

Wenn jemand das nächste Mal beim Erklären meine Sachen anfasst, will ich versuchen, meine Hände auf dem Tisch liegen zu lassen. Er kann mir dann schnell helfen.

Danach kann ich meine Sachen wieder so hinlegen, wie ich das möchte. Schon fertig!

7. Bezugsquellen und hilfreiche Materialien

Wenn möglich, greifen wir gerne auf bereits fertige Materialien zurück, die wir in der Regel dann auf unsere Teilnehmer und Förderziele zuschneiden. Die folgenden Materialien haben wir auf die eine oder andere Weise sinnvoll einsetzen können. Daher war es uns ein Anliegen, sie an dieser Stelle aufzulisten. Die Liste ist keineswegs umfassend oder vollständig; Materialien und Bücher, die bereits bei Häußler et al. (2003) aufgeführt wurden, sind an dieser Stelle nicht nochmals gelistet.

7.1 Spiele

Die Teamworker. Gemeinsam handeln, sprechen, aktiv sein
Autor: Yvette Schatz und Silke Schellbach
Verlag Kleine Wege, 2005
Alter: ab ca. 4 Jahre
Das Arbeitsmaterial eignet sich zur Visualisierung und Unterstützung von Partnerarbeiten. Die Suche nach dem Partner, welcher das Gegenstück zum eigenen Puzzelteil hat, bietet sowohl Bewegungs- als auch Kommunikationsanlass.

Emotions Language Cards
LDA, 1999
Alter: ab 4
Auf den insgesamt 48 Karten sind verschiedene Emotionen fotografisch festgehalten. Diese können als Gesprächsanreiz dienen und sollen das Erkennen und Verstehen von Empfindungen unterstützen. Es gibt eine Vielzahl von Übungsvarianten, wie zum Beispiel die Aufgabe auf Bilddetails zu zeigen, Bilder zu beschreiben, Emotionen zu gruppieren, Hypothesen über den Hintergrund der Emotionen zu bilden usw.

Feelings Color Cards
Speechmark Publishing Ltd., 2009
Alter: ab 5
Die DIN-A4 Fotografien stellen Szenen dar, welche sechs Hauptemotionsfamilien zuzuordnen sind: Freude, Traurigkeit, Zorn, Angst, Überraschung und Entrüstung. Zudem gibt es Karten welche soziale Emotionen (Stolz, Wärme, Eifersucht, Schuldgefühle und Verlegenheit) behandeln. Die Karten sind einsetzbar um ein Emotionsvokabular zu entwickeln und zu erweitern, und ein Verständnis für positive und negative Gefühle zu anzubahnen.

Fröhlich oder traurig … wie zeigst du Gefühle?
Autor: Kai Haferkamp
Kosmos, 2007
Alter: ab 4
Ziel des Spiels ist es, Gefühle erkennen, benennen und nachbilden zu können. Der größenvariable Spielplan mit zwei Motiven (Kindergarten, Spielplatz) zeigt Kinder in verschiedenen emotional besetzten sozialen Situationen. Insgesamt sind vier Gefühle vertreten: Freude, Trauer, Wut und Angst. Diese müssen von den Spielern richtig erkannt und situationsbezogen erklärt werden. Des Weiteren können Gefühle mit Hilfe eines magnetischen Gesichts und den dazu passenden Gesichtspartien gelegt werden.

Gesprächsstoff Kinder
Kylskåpspoesi AB, 2007
Alter: ab 8 Jahre
Die auf den Karten gestellten Fragen bieten die Möglichkeit sich selbst mitzuteilen, etwas über andere zu erfahren und miteinander ins Gespräch zu kommen. Es gibt sowohl einfache als auch komplexere Fragen, so dass sie einen Kommunikations- oder Diskussionsanlass für unterschiedliche Personengruppen darstellen.

Mauseschlau & Bärenstark Fit und Clever
Autor: Ingeborg Ahrenkiel; Illustratorin: Imke Kretzmann
Ravensburger Spieleverlag 2006
Alter: ab 4
Dieses Domino beinhaltet ein Kartenset mit zwei Spielvarianten, welche auf Vorder- und Rückseite gedruckt sind. Auf der einen Seite befindet sich ein Bewegungsdomino, bei welchem die aufgedruckten Aktionen (Kniebeuge, Rückwärtszählen auf den Zehenspitzen, auf einem Bein hüpfen etc.) ausgeführt werden müssen. Die andere Seite beinhaltet ein Wort-Sport-Domino. Diese zweite Spielvariante erfordert sowohl eine Aktion (mit den Fingern schnippen, Zunge rollen, auf den Fersen laufen etc.), als auch das Bilden von Wortpaaren anhand auf den Karten abgedruckter Gegenstände (z. B. Karte eins: Auto; Karte zwei: Tür = Autotür). Während bei der ersten Spielvariante der Bewegungsaspekt im Vordergrund steht, liegt der Fokus bei der zweiten Spielvariante nicht nur auf der Bewegung, sondern auch auf der Wortbildung. Ziel des Spiels ist es motorische und kommunikative Fähigkeiten einzuüben und zu verbessern.

Stolpersteine!
Autor: André Bönsisch
Verlag Kleine Wege, 2005
Alter: ab ca. 8 Jahre
Dieses Spiel zeigt die „Stolpersteine“ auf, welche sich einem Mensch mit Asperger-Syndrom in den Weg stellen. Als Quiz sind verschiedene Alltagssituationen

und Lösungsmöglichkeiten aufgeführt, welche je nach Antwort zu keinem bis hin zu sehr gutem Erfolg führen. Ziel ist es, die in der Situation am besten passende Lösung zu finden und diese auf die eigenen Alltagssituationen zu übertragen.

Tabu Body Talk
Autor: Brian Hersch
Hersch and Company, 2000; Hasbro International Inc., 2000
Alter: ab 12
Ziel von Tabu Body Talk ist es, dem eigenen Team anhand einer menschlichen Marionette (Spieler aus dem gegnerischen Team) pantomimisch Begriffe zu erklären. Das Spiel bietet somit die Möglichkeit, Begriffe auch ohne Verbalsprache zu verdeutlichen und sich anderen Menschen mit Hilfe des Körpers mitzuteilen. Zudem schult es den rücksichtsvollen Umgang miteinander, gezieltes Hinschauen, Geduld und das Bilden von Assoziationen.

7.2 Bücher

Aarons & Gittens (2005)
Aarons, M. & Gittens, T. (2005). *Autismus kompensieren. Soziales Training für Kinder und Jugendliche ab drei Jahren*. Weinheim: Beltz.

Bernard-Opitz & Häußler 2010
Bernard-Opitz, V. & Häußler, A. (2010). *Praktische Hilfen für Kinder mit Autismus-Spektrum-Störungen (ASS)*. Stuttgart: Kohlhammer

Beyer & Gammeltoft 2002
Beyer, J. & Gammeltoft, L.(2002). *Autismus und Spielen. Kompensatorische Spiele für Kinder mit Autismus*. Weinheim: Beltz Verlag.

Gray 2010
Gray, C. (2010). *New Social Story Book*. Arlington (USA): Future Horizons.

Gray 2000
Gray, C.(2000). Writing *Social Stories with Carol Gray. Accompanying Workbook to DVD*. Arlington: Future Horizons.

Gray 1994
Gray, C. (1994). *Comic Strip Conversations*. Arlington: Future Horizons.

Gray 1993
Gray, C.(1993) *The Original Social Story Book*. Arlington: Future Horizons.

Gray & White 2002
Gray, C.; White A. L.(2002). *My Social Stories Book.* London und Philadelphia: Jessica Kingsley Publishers.

Jenny, Goetschel, Isenschmid & Steinhausen 2011
Jenny, B., Goetschel, P., Isenschmid, M. & Steinhausen, H.-C. (2011). *KOMPASS – Kompetenztraining für Jugendliche mit Autismus-Spektrum-Störungen.* Stuttgart: Kohlhammer.

Matzies, 2010
Matzies, M. (2010). *Sozialtraining für Menschen mit Autismus-Spektrum-Störungen (ASS).* Stuttgart: Kohlhammer.

Nikoli 2009
Nikoli, N.(2009). *Gefühle ohne Worte. Wie sich Menschen mit Autismus ihrer Emotionen bewusst werden können.* Bern (CH): Haupt Verlag, 2009

7.3 Materialien

Über Amazon© sind unter dem Stichwort „Greifer“ viele verschiedene Arten von Greifarmen und Greifinstrumenten erhältlich. Als Spielzeug (ähnlich wie die Krokodile beim Spiel „Aufgepasst und Zugefasst!“) findet sich zum Beispiel der *Green Sand Grabber Sand Toy* von Educo.

Unter dem Stichwort „Kleinteile-Greifer“ findet man Greifinstrumente, die denen ähneln, die wir beim „Watte picken“ (Häußler et al., 2003) einsetzen.

Alle in unseren Abbildungen und Arbeitsblättern verwendeten Pictogramme finden sich auf der Internetseite www.pecsforall.com.

8. Literatur

Bernard-Opitz, V. & Häußler, A. (2010). *Praktische Hilfen für Kinder mit Autismus-Spektrum-Störungen (ASS)*. Stuttgart: Kohlhammer

Boswell, S., Braswell, B. & Wade, C. (1996). *Social Skills Assessment*. In: South Carolina Department of disabilities and Special Needs – Autismus Division (Hrsg.). Designing and Conducting Socialization Training, South Carolina (USA), 1996. Deutsche Übersetzung in: Häußler, A., Happel, C., Tuckermann, A., Altgassen, M. & Adl-Amini, K. (2003). *SOKO Autismus. Gruppenangebote zur Förderung SOzialer KOmpetenzen bei Menschen mit Autismus*. Dortmund: verlag modernes lernen.

Gray, C. (1994). *Comic Strip Conversations*. Arlington: Future Horizons.

Gray, C. (1998). *Social Stories and Comic Strip Conversation with students with Asperger syndrome and high-functioning autism*. In Schopler, E., Mesibov, G.L. & Kunce, L.J. (Hrsg.). Asperger Syndrome or High-functioning Autism? New York (USA): Plenum Press.

Gray, C. (2000): *Writing Social Stories with Carol Gray*. Accompaning Workbook to DVD. Arlington (USA): Future Horizons.

Gray, C. & White, A.L. (2002). *My Social Stories book*. London: Jessica Kingsley Publishers.

Häußler, A., Happel, C., Tuckermann, A., Altgassen, M. & Adl-Amini, K. (2003). *SOKO Autismus. Gruppenangebote zur Förderung SOzialer KOmpetenzen bei Menschen mit AUTISMUS*. Dortmund: verlag modernes lernen.

Karkhaneh M, Clark B, Ospina MB, Seida JC, Smith V, Hartling L. (2010). Social Stories ™ to improve social skills in children with autism spectrum disorder: a systematic review. *Autism*, 6 (641-62). Epub 2010 Oct 5.

Kokina, A., & Lee, K. (2010). Social story interventions for students with autism spectrum disorders: A meta-analysis. *Journal of Autism and Developmental Disorders*, published online ahead of print http://www.ncbi.nlm.nih.gov/pubmed/20054628. DOI: 10.1007/s10803-009-0931-0.

Mehrabian, A. (1968). Communication without words. *Psychology Today*, 24 (52-55).

Vermeulen, P. (2002). *Ich bin was Besonderes*. Dortmund: verlag modernes lernen.

Raum für Notizen:

Raum für Notizen:

Raum für Notizen:

Raum für Notizen:

Wahrnehmungsbesonderheiten besser verstehen

Andreas Heimer | Patrick Schoden

Hoppla und Juchhu

Was mir passiert und euch nervt ... für mich aber sinnvoll ist – Wie sich Wahrnehmungsbesonderheiten auf Verhalten auswirken

Inspirierend. Freudvoll. Alltagsnah. Innovativ. Inklusiv. Das Basissinn-Konzept® für Kinder, ihre Eltern und Begleitende bietet neue Blickwinkel für schwierige Verhaltensweisen an. Dieses Selbstlese- und Vorlesebuch greift zahlreiche Verhaltensweisen aus dem Fachbuch und Nachschlagwerk „Euch nervt's für mich ist es sinnvoll – Neue Blickwinkel für schwierige Verhaltensweisen von wahrnehmungsbesonderen Kindern" (s. u.) auf. Es rückt diese nun noch deutlicher auf die Augenhöhe betroffener Kinder. Sie und Ihre Kinder lernen während der Betrachtung „Hopplas und Juchhus" kennen. Hören und schauen Sie Kindern zu, die unbeabsichtigt Spielsachen kaputtmachen, jede Gelegenheit nutzen, um sich in eine Lücke zu quetschen oder von irgendwo herunter zu springen. Auch diejenigen, die bevorzugt Abstand halten, ängstlich am Rockzipfel hängen oder sich häufig verstecken, laden Sie zum Zuschauen und Zuhören ein. Alle Kinder in diesem reichhaltig bebilderten Fachbuch reichen Ihnen die Hand, sich mit ihrem alltäglichen, aber eben oft auch schwierig, provokant oder verweigernd empfundenen Verhalten zu beschäftigen. So kann Wertschätzung für dessen Sinnhaftigkeit entstehen. Ein inspirierender Dialog zwischen dem Kind und seinen Begleitenden wird möglich. Was Sie von diesem Buch erwarten dürfen: Lebensnahe, entlastende, ermutigende, freudvolle, innovative, teils auch spektakuläre neue Blickwinkel auf Ihr Kind – und ganz nebenbei auch auf sich selbst.

INFO

2024, 96 S., farbige großformatige Illustrationen
DIN A4, Klappenbroschur | Alter: 3 – 14
ISBN 978-3-8080-0947-5
Bestell-Nr. 1351 | € 24,80

Bestellungen:
per E-Mail: info@verlag-modernes-lernen.de
per Telefon: +49 (0) 231 12 80 08
per Webshop: https://verlag-modernes-lernen buecher/shop-detail/article/1351

„Euch nervt's – für mich ist es sinnvoll"
Neue Blickwinkel für schwierige Verhaltensweisen von wahrnehmungsbesonderen Kindern – Das Basissinn-Konzept®
2., verbesserte Aufl. 2024, 352 S., farbige Abb.,
Beigabe: Checklisten als Download,
Format 16 × 23cm, Klappenbroschur
Alter: 3 – 14 oder älter,
Bestell-Nr. 1336, Euro 24,95
ISBN 978-3-8080-0955-0

INFO

Stimmen zum Buch:
„... eine hervorragende Handreichnung für einen inklusiven Weg in den Einrichtungen und in unserer Gesellschaft."
(www.wir-spielen-und-lernen.online)

Andreas Heimer gelingt „ein wertungsfreier Blick, der in wohltuender Art zur Erweiterung der Handlungsspielräume sowohl der Kinder als auch der Erwachsenen einlädt."
(www.heilpaedagogik.de)

verlag modernes lernen
Schleefstraße 14, D-44287 Dortmund
Telefon 02 31 12 80 08, Fax 02 31 12 56 40
E-Mail: info@verlag-modernes-lernen.de
Leseproben, Rezensionen, Bestellen im Internet: www.verlag-modernes-lernen.d